U0536982

渐进阅读指导八步教学新思路

引领读悟
YIN LING DU WU

议论文 文言文 名著

主　　编　李树方　刘大庆　苏建忠
本册主编　金玉荣　刘大庆

中国书籍出版社
China Book Press

图书在版编目（CIP）数据

引领读悟：全3册/李树方，刘大庆，苏建忠主编
.—北京：中国书籍出版社，2019.6

ISBN 978-7-5068-7218-8

Ⅰ.①引… Ⅱ.①李…②刘…③苏… Ⅲ.①中学语文课—课堂教学—教学研究 Ⅳ.①G633.302

中国版本图书馆CIP数据核字（2019）第001093号

引领读悟：全3册

李树方　刘大庆　苏建忠　主编

责任编辑	李　新
责任印制	孙马飞　马　芝
封面设计	中联华文
出版发行	中国书籍出版社
地　　址	北京市丰台区三路居路97号（邮编：100073）
电　　话	（010）52257143（总编室）　（010）52257140（发行部）
电子邮箱	eo@chinabp.com.cn
经　　销	全国新华书店
印　　刷	三河市华东印刷有限公司
开　　本	710毫米×1000毫米　1/16
字　　数	718千字
印　　张	44.5
版　　次	2019年6月第1版　2019年6月第1次印刷
书　　号	ISBN 978-7-5068-7218-8
定　　价	136.00元（全3册）

版权所有　翻印必究

引领读悟
议论文　文言文　名著

编 委 会

主　　编：金玉荣　刘大庆

编　　委：赵洪浩　刘　姝　李建华　梅学利　李玉隆
　　　　　付秀华　赵　斌　黄仁烁　周娇艳　吴　山
　　　　　梁海琼

编　　写：陈丽芝　赵洪浩　齐　娜　邱淑敏　马海英
　　　　　王丽丽　强海朋　程亚利　张　伟　贾　丹
　　　　　李丽辉　金玉荣　韩小雪　万春艳　李　蕊
　　　　　吉　杨

审　　定：闫金芳　马小松　李　刚　姜海燕　陈爱华

顾　　问：苏建忠　董卫红　吴海燕

主编简介

李树方 北京市特级教师,中学语文教研员。2015年9月至2018年9月,与特级教师刘大庆一起主持区第一批中学语文名师工作室。曾于1997年12月被评选为首届北京市中学语文骨干教师,2004年12月被评选为北京市语文学科教学带头人。多次参与国家、市级课题研究,多次参与高中初中语文教材、教学参考书编写,多次参与他人的教学读物编写。发表论文多篇,有多篇论文获国家、市区级奖励。主编出版了《初中语段阅读》《中学文言虚词辨析大全》《中学文言虚词集释》《文言文精读新编》(初中)《文言文精读新编》(高中)《语文教学设计》《初中语文关键内容学习过程》《学会阅读——初中语文》《初中语文阅读指南》《课堂智慧你我他》(共5册)等多部图书。近6年来,多次参与同行著述的设计或做顾问。从专业引领等方面为三十余册书的出版做了大量工作。

苏建忠 北京市特级教师,北京师范大学良乡附属中学语文教研组长,多次被评为北京市中学语文学科骨干教师,曾连续三届被评为北京市语文学科带头人。主要著述有:北京市中学地方实验教材《房山文化》编委,首都师范大学出版社出版;《文言文精读新编》(高中)副主编、编委,首都师范大学出版社出版;《文言文精读新编》(初中)副主编、编委,首都师范大学出版社出版;《中学常用文言虚词集释》副主编、编委,开明出版社出版。主编《呐喊》解读由九州出版社出版。

刘大庆 北京市特级教师。2015年9月至2018年9月，与特级教师李树方一起，主持区第一批中学语文名师工作室工作。曾被评为北京市中学语文骨干教师。近三十年来一直担任语文教学工作，成绩优异。从2000年始，主编出版了《初中语文教育教学新视野》（共5册），作为副主编参与出版了李树方老师主编的《文言文精读新编》《初中语文阅读指南》《学会阅读——初中语文》《课堂智慧你我他》（共5册）等书。参加"个性化作文与阅读""教学过程精细指导"等市区级课题研究，十余篇论文和课例获得市级一等奖。

金玉荣 北京市中学语文学科骨干教师。2015年9月至2018年9月在"李树方 刘大庆语文名师工作室"学习。曾获得区级优秀班主任、优秀教师、优秀共产党员等称号。被聘为京版义务教育教科书《语文》微课录制专家。承担"北京数字学校"课堂实录和微课的做课任务，所做专题课均被收录在北京数字学校云课堂。在北京市初中语文教师基本功大赛中荣获一等奖。多篇论文获得市级一等奖或在核心期刊发表。参与了特级教师李树方等主编的《学会阅读》《初中语文阅读指南》《创新教育新视野》《智慧课堂你我他》等书籍的编写工作并担任编委。此外，还参与了《初中生作文教材》等书的编写工作。先后参与《"学导探评思"教学模式的建构研究》《学习过程精细指导与习惯培养研究》等市、区级课题的研究并任核心组成员。

前　言

全面提高学生的语文素养是新课程的重要理念。《语文课程标准》同时指出阅读教学是学生、教师、文本之间对话的过程。如何落实新课程理念,通过"师""生""文"三方之间的顺畅对话,提升学生的语文素养,实现语文教学目标,这是摆在每个语文教师面前的切实问题。新课程理念下的语文课堂应摒弃粗放模式,聚焦学生,以学定教,顺学而导,成为学生构建个体语文学习平台的助力;新课程理念下的语文课堂,应以语言为桥梁,引导学生细细品味,含英咀华,激发审美想象,让学生感受语言的魅力,品味语文学习带来的愉悦;新课程理念下的语文课堂,不应是教师独霸、师云亦云的一潭死水,而应体现学生参与的多元化,努力成为学生探究交流、思维碰撞、切磋展示、焕发生命活力的舞台。基于新课程的理念和常年指导一线语文教学的经验,特级教师李树方老师探索出一种语文课堂教学新思路——渐进阅读指导。

该教学思路的基本步骤为:

第一步,学生读文本,整体感知文章或语段,明确积累内容。

第二步,进入问题解决。

第三步,教师指导点拨。

第四步,学生静心独立思考,读出认识,读出感受,个体准备答案。

第五步,教师指定学生个体展示答案。

第六步,小组讨论归纳答案。

第七步,指定组代表展示本组归纳的答案。

第八步,教师或学生评价,确认(或补充)答案,升华。

为了更加深刻理解这一教学思想的内涵,现对其基本操作解读如下:

第一,初读感知。此环节以师生多种形式的读为主要形式,以学生积累喜欢的词语、句子、段落为起点,形成对文本的初步认识。

第二,质疑问难。此环节是初读之后学生个体或小组针对文本内容提出难点、疑点,经师生梳理后形成本节课探究的主问题和若干分问题。

第三,指导点拨。此环节教师以主问题为引领,以分问题为突破口,以充分预设学生课堂生成为前提,以点拨相关应知、阅读方法、思考方向为重点。

第四,独立思考。此环节以学生再次静心独立阅读文本,依据教师引导,全面思考为基本形式,以学生读出新的感悟,形成新的认识为基本方向。

第五,个体展示。此环节为学生展示思维结果,暴露思维漏洞的过程。教师根据情况,随时、及时点拨重点与相关注意,引导思考方向走入正轨。

第六,合作探究。此环节为学生思维不顺畅,回答不理想的情况下,借鉴同伴的学习经验,小组讨论交流的过程。

第七,小组展示。此环节以小组成员向全班准确、规范地汇报学习成果为主要形式,力求使每个学生的思考在原有基础上更全面、更深刻。

第八,强化提升。此环节为师生共同梳理学习经验阶段,用以强化学习方法、阅读规律和相关注意等。

以上各个环节之间,不是相互独立,而是一个渐进的有机整体。在遵循学生认知特点和阅读规律的基础上交织融合、循序渐进。各个环节先后顺序也不是一成不变的,而是根据学情特点、文本特点灵活组合。渐进阅读指导的精华是传达出一种全新的教学理念,即对学生学习相关内容的现状做出基本估计,站在学生的角度备课,考量教学重点、难点确定的适合与否,充分预设学生思考的各种可能性并有针对性地选择恰当的教学策略；听、说、读、写并重，关注阅读积累，阅读感悟，鼓励创造性思考和合作探究；注重学生"习得"的过程和语文素养的提升，以学法指导贯穿始终。

渐进阅读指导的探索，以新课程理念为依托，有工作室研修学员大量的课堂实践做支撑，意在规范和引领本工作室研修学员及广大一线语文教师更好地处理阅读教学中的重点问题，具有可操作性和借鉴意义。

走进这套（3册）书，一个个源于学情的设计，将向读者展示基于"学生视角"的教学思考；一次次质疑问难、感悟探究将向读者展示学生在已有经验基础上的主动建构与发展；一次次症结之处的点拨引导，将让读者看到"师""生""文"三者之间真正的思维碰撞和思想交流。走进这套（3册）书，我们将更加关注学生，关注课堂教学中学生学习方式的变革，关注课堂教学中学生语文素养的提升，从而反思自己的课堂教学，促进自身教学能力的提升。

需要说明的是，本套书是"李树方刘大庆语文工作室"在引领学员研修过程中的一种集体很用心的尝试，由于时间的制约和编写者的水平需要再提升，难免有不妥之处，恳请各位同行批评指正。另外，本套书在编写过程中引用了一些资料，在此向有关人员说明并表示感谢。

执笔　金玉荣
审定　刘大庆　苏建忠
2019年6月于北京

目 录 CONTENTS

阅读简单的议论文 ·· 1
  梳理文章的论证思路 ·· 1
    怀疑与学问 ·· 1
    谈骨气 ·· 11
    事物的正确答案不止一个 ································ 21
  能区分观点 ·· 31
    怀疑与学问 ·· 31
  能区分材料 ·· 42
    人的高贵在于灵魂 ······································ 42
  发现观点和材料之间的联系,并通过自己的思考作出判断 ······ 52
    谈骨气 ·· 52
    用心工作 ·· 62
  确定文章的论点 ·· 71
    谈骨气 ·· 71

阅读效率 ·· 81
  阅读一般现代文,每分钟不少于500字。能运用略读和浏览的方法,
  捕捉有用信息,增加阅读量 ································ 81
    从百草园到三味书屋 ···································· 81
    藤野先生 ·· 92

阅读浅易文言文 ·· 105
    爱莲说 ··· 105
    伤仲永 ··· 114
    为学 ··· 126
    陋室铭 ··· 141
    《论语》十二章 ··· 150

阅读名著 ·· 163
  了解主体内容，人物，思想意义和价值取向 ················ 163
    藤野先生 ·· 163
  对作品有自己的独特感受和体会，并从作品中获得有益启示 ······ 173
    背影 ··· 173

后　记 ··· 184

阅读简单的议论文

梳理文章的论证思路

怀疑与学问

【内涵释义】

议论文的论证思路就是指作者在论述某个观点时的思维过程。这个过程要求观点确切,层次明晰,论证方法运用贴切,论证材料的组合合理。即文章提出了什么论点,采用什么论证方法对中心论点进行论证,最后得出了什么结论。

【引领读悟】

以《怀疑与学问》为例落实本点。

学习准备

关于相关知识点的学习准备:

议论文的三要素:论点、论据和论证。

论点:又叫论断,是作者所持的观点。在逻辑学上,论点就是真实性需要加以证实的判断。它是作者对所论述的问题提出的见解、主张和表示的态度。它是整个论证过程的中心,担负着回答"论证什么"的任务,明确地表示着作者赞成什么,反对什么。它是一个意思明确的表判断的陈述句。

论据:用来证明论点的事实和道理。依据其本身的性质和特征,可分为事实论据和理论论据(也称事理论据)两类。事实论据是对客观事物的真实的描述和概括,具有直接现实性的品格,因此是证明论点的最有说服力的论据。所谓"事实胜于雄辩"就是这个道理。事实论据包括具体事例、概括事实、统计数字、亲身经历等等。理论论据是指那些来源于实践,并且已被长期实践证明和检验过,断定为正确的观点。它包括经典性的著作和权威性的言论(如名人名言等),以及自然科学的原理、定律、公式等。

论据和论点的关系十分密切,是证明与被证明的关系。

论证方法主要有举例论证、对比论证、比喻论证、引用论证等。

论证方法的作用如下:

举例论证:运用具体事例,真实可信,增强文章说服力,让文章浅显易懂。

正反对比论证:正确错误分明,是非曲直明确,给人印象深刻,使论证更有力。

比喻论证:道理讲得通俗易懂,语言生动形象,容易被人接受。

引用论证:引用名言或引用一些普通人的说法,使其更具有权威性和大众性,使论证有力。

关于《怀疑与学问》一文的阅读准备:

能比较熟练地朗读全文,概括各段大意,初步感知主要内容。

导入新课

教师:一切有成就者,都是脑子里装满了问号的人。古人云:"学贵有疑""小疑则小进,大疑则大进"。顾颉刚从小就敢于提出疑问,进行考证。有一次,他看见一个饭碗,上面画着许多小孩,有的放纸鸢,有的舞龙灯,有的点爆竹,题为《百子图》。他知道文王有100个儿子,以为这一幅图画的是文王的家庭,就想考证一下文王的儿子。他从常见的书中只得到武王、周公等几个人。他很奇怪,为什么这样一个名人儿子竟如此难考证。后来才知道文王百子说是从《诗经》中来,只是一种谀颂之词,并非实事。这就是做学问。我们在学习中要心存疑问,勇于提问,不耻下问,随时反问,善于提问,只有这样才能提高自己的学识水平。这篇课文论述了怎样做学问,阐明了怀疑和学问之间的关系。通过学习这篇课文对我们今后怎样做学问,一定会有很大的启发。这节课,我们以《怀疑与学问》一文的阅读为例进行具体学习。请看我们本节课的学习目标。

叙述目标

教师:这节课,我们将以《怀疑与学问》一文为依托,通过朗读、圈画批注学习本文围绕中心论点,设立分论点分层次论述的结构;通过比较、分析等方法,学习本文通过事例和讲道理论证论点的方法,从而梳理文章的论证思路。

阅读渐进引领

第一步:学生读文本,整体感知文章内容。

教师:请同学们大声朗读课文,概括出各段段意,初步感知文章内容。

请朗读课文,概括出各段段意,对文章进行整体感知。	←	1. 朗读要正确流利,力求有感情。 2. 注意停顿、语速、重音、语气等。 3. 试着划分层次,并在书中做出批注,概括出各段大意。 4. 整理自己阅读文章的困惑。

学生回答预设1:第1自然段的段意是:"学者先要会疑。"——程颐

学生回答预设2:第2自然段的段意是:"在可疑而不疑者,不曾学;学则须疑。"——张载

学生回答预设3:第3自然段的段意是传说不一定可靠,但做学问有时只能靠它。

学生回答预设4:第4自然段,论述对于传说,无论信不信,都应当经过一番思考,不应当随随便便就信了。

学生回答预设5:第5自然段,论述不论对于哪一本书,哪一种学问,都要经过自己的怀疑,辨别是非。

学生回答预设6:第6自然段,论证怀疑是积极方面建设新学说、启迪新发明的基本条件。

教师点拨提升:

要抓能够表明观点的句子,同时注意是否运用了一些过渡语句以及每段的开头结尾经常包含了这些观点,要仔细把握揣摩。抓住显示结构思路的语言标志。要学会抓住关键词句(语言标志)和段落,准确提取和归纳答题信息。议论文的文体特征鲜明,语言表达规范,因而在表达上呈现一定的

规律。如设问句表开启下文,展开深层论述;"无独有偶"表顺承;"再说"表推进;"诚然"表转入相反方面论证;"总之"表分总归纳;"同样"表类比推理等。

第二步:进入问题解决。

教师:下面,请同学们结合刚才的学习内容和文本,针对"梳理文章的论证思路"这一问题提出自己的疑惑。

学生在小组内交流自己的困惑,以组为单位将问题分类整理,之后各组汇报问题分类情况。

学生提出问题分类预设:

第一类:中心论点是什么?中心论点是怎么提出的?

第二类:采用什么论证方法对中心论点进行论证?

第三类:最后得出了什么结论?

教师针对这几类问题,梳理出主问题并指导点拨方法。

接下来,我们以"如何梳理文章的论证思路"为主问题,结合《怀疑与学问》一文进行阅读方法的探讨。

对于"如何梳理文章的论证思路"这一主问题,我们可以分步骤去研究,我们先来研究分问题一:文章提出了什么中心论点?中心论点是怎么提出的?

第三步:教师指导点拨。

教师针对分问题一指导方法:

教师抛出分问题一:文章提出了什么论点?是怎么提出的?

| 快速浏览课文,思考文章提出了什么中心论点?是怎么提出的? | ← | 重点引导学生如何边快速浏览课文,边圈点批注相关观点句。先独立思考,再小组讨论,最后小组代表展示答案。 |

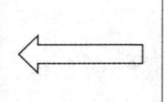

学生静心独立思考,再以组为单位进行讨论。

学生个体展示答案,全班交流。

学生回答预设1:中心论点是"治学必须有怀疑精神"。

学生回答预设2:分论点:"怀疑是从消极方面辨伪去妄的必要步骤。"

"怀疑是从积极方面建设新学说、启迪新发明的基本条件。"

教师针对分问题一指导方法：论点，又叫论断，是作者所持的观点。它是作者对所论述的问题提出的见解、主张和表示的态度。它是整个论证过程的中心，担负着回答"论证什么"的任务，明确地表示着作者赞成什么，反对什么。它是一个意思明确的表判断的陈述句。在较长的文章中，论点有中心论点和分论点之分。中心论点，是作者对所论述的问题的最基本看法。是作者在文章中所提出的最主要的思想观点，是全部分论点的高度概括和集中。全文应围绕中心论点展开议论。分论点是从属于中心论点并为阐述中心论点服务的若干思想观点。各分论点也需要加以论证。中心论点和分论点的关系是被证明与证明关系。凡经证明而立得住的分论点，也就成为论证中心的有力论据。

教师引导学生继续思考：

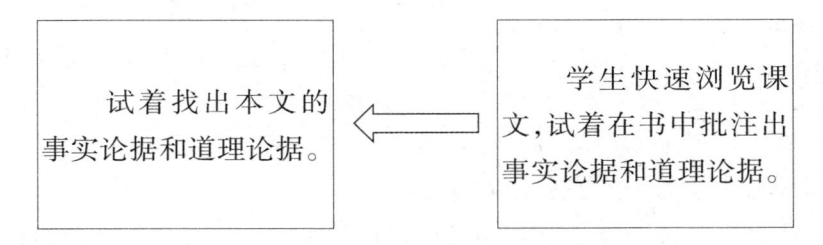

试着找出本文的事实论据和道理论据。	←	学生快速浏览课文，试着在书中批注出事实论据和道理论据。

学生静心独立思考、朗读体会。

教师指定学生个体展示答案。

学生回答预设1：事实论据我找到的是譬如在国难危急的时候，各地一定有许多口头的消息。

学生回答预设2：道理论据有"学者先要会疑""在可疑而不疑者，不曾学；学则须疑"。

学生回答预设3：道理论据有"尽信书不如无书"。

学生回答预设4：事实论据还有听说"腐草为萤"，戴震善问的例子。

教师小结：

本文围绕着中心论点，分设了两个分论点，分层次地进行论述，条理清楚，中心明确。文章运用许多事实论据和道理论据，有力地证明了中心论点。

教师针对问题一指导点拨方法：

事实论据是对客观事物的真实的描述和概括,具有直接现实性的品格,因此是证明论点的最有说服力的论据。所谓"事实胜于雄辩"就是这个道理。事实论据包括具体事例、概括事实、统计数字、亲身经历等等。道理论据是指为了对某个问题或者观点进行论证说明其正确或错误而引用一些名人名言、谚语、古代文献等材料,一般指那些来源于实践,并且已被长期实践证明和检验过,断定为正确的观点,就是通过讲道理来说明一个问题。它也可以是对问题的分析、解释说明的过程。

教师针对分问题二指导点拨方法:

教师抛出分问题二:再读课文,思考文章如何运用事实和道理论证中心论点的?

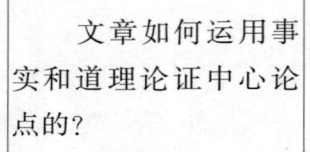

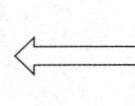

| 文章如何运用事实和道理论证中心论点的? | ← | 结合找到的事实和道理论证,联系已经学过的关于论点、论据、论证的相关知识思考回答。 |

教师指定学生个体展示答案。

学生回答预设1:本文的中心论点是借用古代学者程颐和张载的名言提出来的。这种写法,既开门见山提出了论点,同时名言本身证明中心论点的有力论据,增强了论点的说服力。

学生回答预设2:本文的两个分论点是怎样找出来的?讨论并归纳:第6段开头一句是承上启下的总结句,也是两个分论点,从"消极"和"积极"两个方面进行阐述。

学生回答预设3:第3段举国难危急的时候有许多口头的消息的例子证明了别人的传说,不一定可靠。引出"我们对于传说的话,应当经过一番思考,不应当随随便便就信了"的道理。

学生回答预设4:第4段举"三皇五帝""腐草为萤"两则事例证明了什么?讨论并归纳:这两则事例告诉我们怎样以怀疑的精神做学问。

学生回答预设5:我们不论对于哪一本书,哪一种学问,都要有什么样的态度呢?都要经过自己的怀疑:因怀疑而思索,因思索而辨别是非。

学生回答预设6:"怀疑""思索""辨别"这三步骤是按人们认识事物的

过程,先对事物产生怀疑,再进一步思索疑点,辨明正确与错误。前后顺序不能对换。

第四步:学生个体思考。

教师引导学生继续思考:以课文第 6 段为例,简要分析这一段的论证过程。

默读课文第 6 段,简要分析论证过程。	⬅	1. 标句序。 2. 概括每句话的大概意思。 3. 划分层次。 4. 常见的答题思路: 　首先作者提出……观点;然后……;接着……;最后……(得出……的结论)。

第五步:教师指定个体展示答案。

教师指名五个同学回答。

学生回答预设 1:第①句,承上启下,总结上文,提出本段论点。

学生回答预设 2:第②③④⑤句,从道理上论证第①句的论点。其中②③句是从反面论证,④⑤句从正面论证,通过正反对比论证怀疑精神对治学的重要性。

学生回答预设 3:第⑤⑥⑦⑧句,用戴震治学善问的例子论证第①句的论点。

学生回答预设 4:其中第 6 句提出本段中的一个小论点:"许多大学问家、大哲学家都是从怀疑中锻炼出来的",第⑦⑧句用戴震治学善问的事例来证明第 6 句,从而也证明了第①句的论点。

学生回答预设 5:正面论述了一切学问家以怀疑精神做学问,会对文化建设起巨大作用。反面补述墨守前人旧说的恶果。第 4、5 句从正反两个方面讲道理,论述第①句的论点。

第六步:小组讨论归纳答案。

学生以小组为单位,交流第 6 段论证过程,形成口头或笔头答案。

第七步:指定组代表展示本组归纳的答案。

教师引导学生试着说说本文的论证思路。

学生回答预设：本文开头引用了古代著名的大学者程颐和张载的话提出中心论点，然后第3段至第5段先从消极方面进行论证，这一部分又分为两层论证中心论点：第3、第4段先说对传说要有怀疑精神，第5段扩展开头，提出："不论对于哪一本书，哪一种学问，都要经过自己的怀疑。"最后，第6段又提出两个分论点：①怀疑是从消极方面辨伪去妄的必要步骤；②怀疑是从积极方面建设新学说、启迪新发明的基本条件，对中心论点加以论证。

第八步：教师评价点拨。

分析语段的论证思路时，第一，通读语段，勾画关键词并分层。第二，按顺序分析每一层，可从论证方法入手，并指出论证了什么。第三，对于阐述、看法、观点、结论等，在分析时可直接引用或提炼。还要做到四个明确：明确看法或观点结论，明确段落或层次，明确选择了哪些材料，明确运用了什么论证方法。

本文中心论点鲜明突出，论证层层深入，充分有力。用分论点论证中心论点，分析透彻周密。文章引用名人名言、列举事例进行论证，使文章有理有据，增强了文章的说服力。

课堂总结

议论文的论证思路常见题型有：作者是如何证明论点的？作者的论证思路是怎样的？文章（段）的论证过程是怎样的？请简要写出全文的论证思路。要明确，虽是难点，但却有章可依。需要注意：观点或结论要找准，不要弄错；概括事例要具体明了，不要随意；答题规范，不要草率。解题要有技巧，要把握议论文的基本结构。议论文最基本的结构是：提出问题（引论）—分析问题（本论）—解决问题（结论）。常见的结构还有总分式、并列式、对照式和层递式等。在阅读中认真梳理议论文的结构，可借助一些语言标志，弄清各段之间、分论点之间的内在联系，明白它们或并列、或对比、或总分、或层进的关系。分析议论文的论证思路，关键要说清楚证明过程的层次性。

【板书设计】

怀疑与学问
顾颉刚

引用名言提出中心论点
- （消极方面）怀疑是辨伪去妄的必要步骤
  - 对于传说不论信否应思考（举例论证）
  - 对于"书""学问"要善怀疑辨是非
  - （怀疑之"三步"道理论证）
- （积极方面）怀疑是建设新学说启迪新发明的基本条件
  - 道理论证
  - 举例论证
  - 怀疑到创新之"五步"

【智慧训练】

阅读短文,完成下列各题。

留点空白
刘书全

①人与人在交往中应留点空白,为他人留点空白,才能友好相处;给自己留点空白,才会快乐度日。

②为他人留点空白,遇事能让出三分,自己就多了一份爱心;为他人留下三分宽容,人际关系就不会紧张;凡能为他人留下不可计算的空白,世界就会多一份美好。不要忘了,你留给他人的空白,也是留给自己的出路。人生舞台,风云变幻,何处没有矛盾,何时没有纷争?世界上,有坦坦君子,也有戚戚小人,若是你没有坚忍的心智,没有宽容的胸怀,就无法与他人和睦相处;即便你一身清白,有德有才,也要允许他人的误解,刁难,甚至伤害……但是一切都将过去,唯有真理永存,倘若你能包容理解,为他人留下三分余地,反省自身,解剖自己,矛盾就会迎刃而解,就能化干戈为玉帛,化误会为理解,化狭窄为宽阔。最终会得到他人的信任和尊重。

③人是感情动物,有喜也有悲,有爱也有恨。给自己留点空白,会使人心灵更畅快地呼吸。当你得意时,留点空白给思考,莫让得意冲昏头脑;当

9

你痛苦时,留点空白给安慰,莫让痛苦窒息心灵;当你烦恼时,留点空白给快乐,莫让烦恼充斥思维。当你孤独时,留点空白给友谊,真诚的友谊是第二个自我。人就是这样,痛苦可以忍受,泪水可以恣情但绝对不能灰心,低头,停止不前。当生活把你逼近狭窄的小路,留点空白,留点光亮给心境,就会变小路为宽广大道。

④在现实生活中,每个人若是给他人和自己留点空白,就会无忧无虑知足常乐。其实,一个人只有工作往上比,才会看到自己的不足;生活往下看,才会得到满足,不会去攀比。平淡的生活,足以滋养世人,粗茶淡饭具备人体所需要的营养,就不必眼馋他人常吃山珍海味;自己有自行车骑,又锻炼身体,就不眼馋他人有小汽车接送……人世间的事物纷繁,有领导者就有被领导者,有名人就有凡人,何必要与他人比高低?靠自己的诚实劳动,会获得一份甜美的果实,俭朴的生活,会更贴近生活的本质,享受生活的乐趣,不至于迷失在光怪陆离的表面。为此,何不给他人和自己留点空白,求得安宁,活得开心、快乐一点呢?

⑤人生一世,对有些事不需要刻意去面对,更不需要费心去思考其细节,给人给己留更多的空白和余地,留更多的灵气,才会快乐、幸福度过一生。

(选自《思维与智慧》,有删改)

1. 选文的中心论点是什么?
2. 本文是如何围绕中心加以阐述的?请做简要分析。

附 参考答案

1. 人与人在交往中应留点空白,为他人留点空白,才能友好相处;给自己留点空白,才能快乐度日。

2. 首先,第1段提出中心论点——为他人留点空白,才能友好相处;给自己留点空白,才会快乐度日。然后,第2、3段分别从为他人、给自己留点空白的角度,在道理上加以论述。接着,第4段从为他人和自己留点空白的角度,联系实际,列举事例加以论述。最后,第5段总结全文,指出要"给人给自己留更多的空白和余地,留更多的灵气才会快乐、幸福度过一生。"

(编写 陈丽芝)

谈骨气

【内涵释义】

思路是组织文章结构的重要手段,议论文的论证思路就是指作者在论述某个观点时的思维过程。学习议论文,要理解论点、论据、论证这三要素之间的关系,理清文章的论证思路。

【引领读悟】

以吴晗的《谈骨气》为例,落实本点。

学习准备

学生复习议论文的三要素,熟读《谈骨气》一文,提出问题。

导入新课

在议论文阅读中,归纳某个自然段、某部分或全文的论证思路,常出现理不清思路,抓不准信息的问题。如何梳理议论文的论证思路?今天我们一起来探究。

叙述目标

理解运用事例来论证观点的方法,梳理文章的论证思路。学会抓住关键词句和段落,准确提取和归纳答题信息。了解议论文的结构与论证思路的关系,熟悉一般答题格式。

阅读渐进引领

第一步:学生读文本,整体感知文章。

教师范读全文。带着饱满的情绪去读,给同学做表率。

学生读课文,感知全文主要内容。

教师:接下来同桌放声读,标划出中心论点。

学生互相评价:读出了气势,很感人。

教师:通过不同形式朗读,你对课文从整体上进行了感知。请在书上用波浪线画出最喜欢的语句,并说出你的理由。

学生回答预设1:我喜欢第一句,也就是开篇第一自然段,"我们中国人是有骨气的"。我认为这是本文的中心论点,我读出了作为中国人的自豪感。

学生回答预设2:"富贵不能淫,贫贱不能移,威武不能屈,此之谓大丈夫。"这句话我喜欢,对大丈夫的内涵进行了解释。

学生回答预设3:我喜欢结尾句:"当然我们无产阶级有自己的英雄气概,有自己的骨气,这就是决不向任何困难低头,压不扁,折不弯,顶得住,吓不倒,为了社会主义、共产主义建设的胜利,我们一定能够克服任何困难,奋勇前进。"因为我读出了一种气势,我们要做有骨气的中国人。

教师:通过多种形式读课文以及同学们的分析,我们清楚了本文的中心论点,就是"我们中国人是有骨气的"。

第二步:进入问题解决。

教师:"我们中国人是有骨气的。"是本文的中心论点,为什么呢,这就是我们接下来要解决的。请同学们围绕全文,提出不明白的问题。边默读,边思考。把问题记在笔记本上。

| 中心论点是怎么论述的?行文思路是怎样的? | ← | 怎么提问呢?结合题目,结合第一自然段的内容链条式展开思考,你试试。前面强调读题目要思考发问,强调"思";读正文哪儿不懂了,有困惑了,就把困惑整理下来,交流学习,这点突出"惑"字。 |

学生聚精会神圈点勾画。

学生回答预设1:全文结构怎么划分?

学生回答预设2:用哪些事实加以论证的?

学生回答预设3:全文的论证思路是怎样的?

教师:好,你们真动脑筋了,再读课文,受以上同学的启发,小组讨论还有什么不清楚的地方?

小组:文中写了三个人的事情,写两人不行吗?顺序可以颠倒吗?

小组:文章3—4节删去可以吗,它起什么作用?

教师:老师喜欢你们在语文课堂里思维的驰骋。我们共同收获学习的快乐!

教师:刚才同学们提的问题,都是围绕"我们中国人是有骨气的"这一中心论点展开的。

第三步:教师指导点拨。

教师:我们一起回忆,所谓议论文,是指以议论为主要表达方式的文体,是以直接剖析事物、论述事理、发表意见、提出主张为主要任务的文章。

议论文,把论据和论点建立起关系就是论证:即运用论据来证明论点的过程和方法,是论点和论据之间的逻辑关系纽带。论证思路就是指作者在论述某个观点时的思维过程。"论点"是解决需要证明什么;"论据"是解决用什么来证明;"论证"是解决怎样证明。

议论文的结构

引论——提出问题(亮出自己的观点)

本论——分析问题(用论据)

结论——解决问题

我们一起梳理:论据怎么概括？如何划分层次？论据是怎么证明论点的？

第四步:学生静心独立思考,读出认识、读出感受。

请大家围绕主问题,独立思考和认识。

前后桌四人为一组,分工合作:合作过程中记录员做好记录,养成记录的习惯,记住要把流动的语言变为凝固的语言。

学生:交流自己的思考,参与讨论并记录。

教师:巡视并适时参加组内的讨论,个性化指导。

第五步:教师指定学生个体展示答案。

(一)学生速读全文,划分结构。

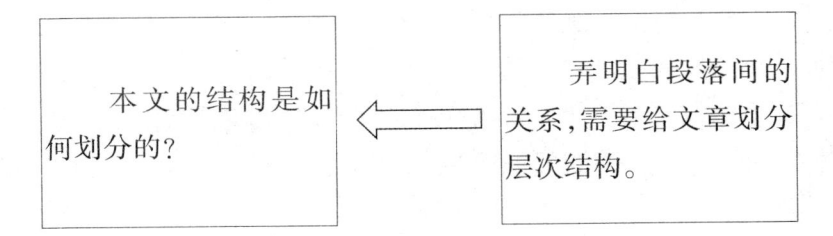

| 本文的结构是如何划分的? | ← | 弄明白段落间的关系,需要给文章划分层次结构。 |

教师:从课后练习一可知,文章由三部分构成,即提出问题(论点)——分析问题(论证论点)——解决问题(得出结论),也就是议论文的引论——本论——结论。

学生回答预设 1:第一部分(1 段):提出论点。第二部分(2—9 段):对"骨气"做初步的解释。以三个事例论证"我们中国人是有骨气的"。第三部分(10 段):总结全文,指出无产阶级骨气的具体表现,号召我们克服困难,奋勇前进。(利用课件进行结构展示)

学生回答预设 2:第一部分(1—2 段):提出论点,并解释骨气的含义。第二部分(3—9 段):解释"骨气"的共性。以三个事例论证"我们中国人是有骨气的"。第三部分(10 段):总结全文,指出无产阶级骨气的具体表现,号召我们克服困难,奋勇前进。(利用课件进行结构展示)

学生回答预设 3:第一部分(1—3 段):提出论点,并解释骨气的含义。第二部分(4—9 段):解释"骨气"的差异性。以三个事例论证"我们中国人是有骨气的"。第三部分(10 段):总结全文,指出无产阶级骨气的具体表现,号召我们克服困难,奋勇前进。(利用课件进行结构展示)

学生回答预设 4:第一部分(1—4 段):提出论点,对"骨气"做初步的解释。第二部分(5—9 段):以三个事例论证"我们中国人是有骨气的"。第三部分(10 段):总结全文,指出无产阶级骨气的具体表现,号召我们克服困难,奋勇前进。(利用课件进行结构展示)

> 文章划分层次的相同部分在哪里,不同部分呢?说出理由。

> 读书贵在有疑,遇到与自己不同的意见,要问个为什么?通过其他同学的回答来完善自己的认知。

教师:以上四种划分层次的方法,都有道理。显而易见,二、三部分的节点在第 9 自然段。第 10 段独立成为一部分,这没有争议。不同部分在于一、二两部分节点在哪儿?

小组讨论设计问题:第 4 自然段讲了什么内容,起什么作用?

学生:第 4 段是一个过渡段,起承上启下的作用。

> 承上启下的过渡段,分在哪一部分合理呢?

> 解决争议的办法,还是要尊重文本的意愿,从字里行间找到与之对应的点。

学生梳理的各段主要内容,课件展示:

1段,开门见山,提出中心论点"我们中国人是有骨气的"。

2段,谈什么叫做"有骨气"。

3段,作者纵观中华民族的漫长历史,点明"我们是有着优良革命传统的民族"。

4段,从继承的角度指出骨气的差异性。

5—6段,作者选用了南宋名将文天祥富贵不淫、贫贱不移、威武不屈,一个民族英雄的典型事例。

7—8段,作者选用了一个流传千百年的故事,一个"贫贱不能移"的典型事例。

9段,作者引述了中国近代史上著名的民主战士闻一多先生的事迹,一个"威武不能屈"的典型事例。

学生回答预设:第4段第一句"当然,社会不同,阶级不同骨气的具体含义也不同",承接了上文"我国经过了奴隶社会、封建社会的漫长时期",同时又开启下文,侧重讲骨气的差异性,讲"就坚定不移地为当时的进步事业服务这一原则来说,我们祖先的许多有骨气的动人事迹",5—9段选取的内容就是"我们祖先许多有骨气动人事迹"的具体事例。

综上所述,一二部分分开的节点应在第3段。即1—3段是第一部分,4—9段是第二部分。

教师:刚才同学抓住文本,找到内容之间的相互关联的语句、段落,条理清楚地进行了分析,非常精彩!当然,不同的同学的划分方法不同,只要有理有据,见证了你的思考过程是目的。

(二)默读课文,概括事实论据。

教师:文天祥、古代穷人、闻一多的事例,用简洁的语言概括这三个事例,并说说这三个事例分别与孟子哪句话相对应。

学生回答预设1:第一个事例:文天祥宁死不降元,与孟子的话"富贵不能淫"相对应。

第二个事例:古代穷人不食嗟来之食,与孟子的话"贫贱不能移"相对应。

第三个事例:闻一多横眉冷对国民党的手枪,与孟子的话"威武不能屈"相对应。

学生回答预设2:第一个事例:文天祥宁死不降,主要与孟子的话"富贵不能淫"相对应。

第二个事例:饿人不食嗟来之食,与孟子的话"贫贱不能移"相对应。

第三个事例:闻一多宁死不屈,与孟子的话"威武不能屈"相对应。

教师点拨:概括事例的基本格式是"谁+怎么样"。这样概括简洁准确:请看PPT。第一个事例概括不准确,应为"文天祥不为高官所诱"才能与"富贵不能淫"相对应。

小组提问:三个事例能否颠倒顺序？说明理由。

三个事例是事实论据,不能颠倒顺序。

理由是:本文的三个事例是经过精心选择的。三个事例分别与孟子的三句话相照应,从三个角度证明"我们中国人是有骨气的"这个中心论点。同时,这三个人物代表了从古到今,从士大夫阶层到平民百姓到现代知识分子中有骨气的范例,时间跨度大,涉及面很广,有很强的说服力,有力地证明了中心论点。教师点拨:本文的三个事例又是经过精心安排的。三个事例的顺序,与孟子三句话的顺序一致,显得结构严谨,条理分明,先举古代的,再举现代的,既顺理成章,又表现出"有骨气"是我们中国人的优良传统。

还有一个问题:论据是如何论证中心论点的,有同学跟老师说,答案说不清楚,请同学们来帮帮忙。

第六步:小组讨论归纳答案。

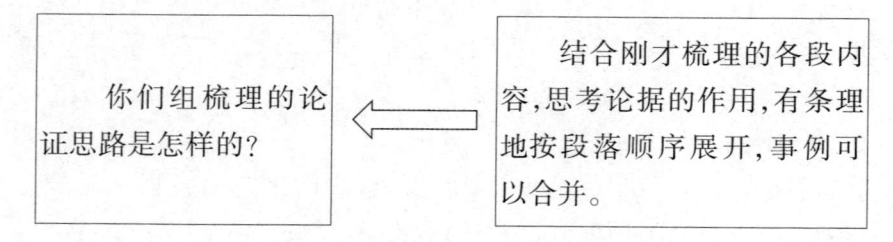

你们组梳理的论证思路是怎样的？	←	结合刚才梳理的各段内容,思考论据的作用,有条理地按段落顺序展开,事例可以合并。

组内交流,互相启发,智慧资源共享。

小组代表展示全文的论证思路。

小组回答预设1:文章开篇直接提出本文的中心论点,我们中国人是有骨气的。引用孟子的话阐述了什么是"有骨气",孟子的这三句话贯穿于全文的始终。本文运用了举例论证和道理论证,列举了文天祥宁死不降、饿人不吃嗟来之食、闻一多宁死不屈的事例,从三个角度有力地论证了"我们中国人是有骨气的"这一观点,最后,总结全文,重申中心论点,表明坚定的信念。

小组回答预设2:题目表明文章的论题是"谈骨气",开篇直接提出本文的中心论点:我们中国人是有骨气的。引用孟子的话阐述了什么是"有骨气",为后文展开叙述奠定了坚实的理论基础,孟子的这三句话贯穿于全文的始终。本文运用了举例论证和道理论证,列举了文天祥宁死不降、穷人不吃嗟来之食、闻一多怒对枪口的事例,有力地论证了"我们中国人是有骨气的"这一观点。

教师点拨:表述要全面、到位、准确。请再修改答案。

第七步:指定组代表展示本组归纳的答案。

本文论证思路怎样规范的表述?	←	环环相扣。开篇先怎样,再用什么例子加以证明,最后怎样。按照这一顺序组织语言。

教师巡视,学生在这点上确实是难点。告诉学生环环相扣的道理。先怎样,再用什么例子证明,最后怎样。按照这一顺序,个人修改,同桌互相帮助。

小组代表展示:

题目表明文章的论题是"谈骨气",开篇直接提出本文的中心论点:我们中国人是有骨气的。引用孟子的话阐述了"骨气"的含义。运用了举例论证和道理论证,列举了文天祥不为高官所诱、穷人不吃嗟来之食、闻一多怒对枪口的事例,从不同角度有力地论证了"我们中国人是有骨气的"这一观点,增强文章的说服力。最后,总结全文,重申中心论点,号召我们克服困难,奋勇前进。

教师:文章三部分内容紧密衔接,互相照应,层层深入,首尾贯通,对什么是有骨气,怎样做才算得有骨气,为什么要提倡有骨气等问题,进行了生动具体的阐述。

第八步:教师评价,总结升华。

教师:归纳时抓住各部分的主要内容。

学生评价1:在反复修改的过程中,我更清楚作者想表达的内容了。面对三年自然灾害的困难,无产阶级要表现出自己的英雄气概,有自己的骨气,这就是绝不向任何困难低头,压不扁,折不弯,顶得住,吓不倒。

学生评价2:号召当时的人们克服任何困难,奋勇前进!这种积极意义在现代社会依然存在,我们还要做有骨气的中国人。

教师:对,非常好!

教师:梳理论证思路一般的形式是怎样的?

学生回答预设1:首先提出……观点,然后运用……论证方法,分析论证……,最后总结归纳,得出结论:……

学生回答预设2:首先提出……观点,然后从……几方面进行论证,最后归纳总结:……

学生回答预设3:先论述……再论述……后者比前者更进一层,最后归纳总结:……

教师:分析文章的论证思路首先应该了解一般议论文的结构:提出问题(引论)——分析问题(本论)——解决问题(结论)。

分析议论文的论证思路,其实,就是在段落层次的基础上加上一些诸如"首先""然后""接着""最后"一类表承转启合关系的词语。一般格式:作者首先……然后……接着……最后……(其中省略号要补充的内容就是每一段所论述的内容)。做这个题目,尤其要注意开头结尾的表述。

师生归纳:论证思路就是作者为了证明某个观点,先后都做了哪些事。其中"作者先后做的事",主要包括以下内容:

首先开头部分,看作者是否做了这几件事:

提出论点——是否提出了观点,提出了什么观点?过渡——作者是否运用过渡句,引出论据?

接着看主体部分,看作者是否做了这几件事:

选择论据——引用了什么内容,充当什么论据?确定论证方法——运用什么论证方法？选择阐述角度——从哪个角度（正面还是反面）；深入剖析增强论证力度——作者举出事实论据后，是否对论据进行了剖析说理？

最后看结尾部分：深化中心论点，提出……的结论；强调……的中心论点；发出……的号召或希望人们……；补充论证了……

课堂总结

学生回答预设：梳理内容与层次的方法是正确分层，概括层意；分析论证过程及具体作用；有条理的表述，使用"首先""其次""最后"等表示顺序的词语连接。

教师：梳理论证思路出错的原因：一是同学们没有懂得归纳论证思路是做什么；其二是缺乏最基本的基础知识——不会判定论点、论据、论证方法、论证角度、论证结构和结论；其三是没有读懂文本，弄不明白部分与部分、句与句的关系。

梳理一篇文章的论证思路，要明确文章的中心论点。结合文章具体内容，分析文章先说了什么，后说了什么。明确论证中使用了什么论证方法。明确论证的角度，即是正面论证还是反面论证。最后完整表述。

【板书设计】

谈骨气

吴晗

论点：我们中国人是有骨气的。

论证事例	论证角度
文天祥不为高官所诱	"富贵不能淫"
饿人不食嗟来之食	"贫贱不能移"
闻一多宁死不屈	"威武不能屈"

总结归纳　发出号召

【智慧训练】

阅读《君子之交淡如水》，完成第1—3题。

君子之交淡如水

①据史料记载，唐朝贞观年间，薛仁贵因"平辽"有功，被封为"平辽王"时，拒绝了所有贺礼，只收下平民王茂生送来的两坛清水。薛仁贵当众饮下

后,说:"早年我家境贫寒,全凭王茂生接济。如今王兄贫寒,送清水也是一番情谊,君子之交淡如水。"君子之交,如清风徐徐,若明月朗朗,平淡得让人觉得如一汪清水。腾达时默默祝福,危难时给予支持,可以不去锦上添花,却一定会雪中送炭。君子之交淡如水,这是朋友交往的最高境界。

②君子之交淡如水,那是俞伯牙与钟子期高山流水遇知音的心心相印。春秋时上大夫俞伯牙善弹琴,乡野樵夫钟子期善听。伯牙弹"高山"曲,钟子期说:"好啊,像巍峨的泰山!"弹"流水"曲,钟子期说:"好啊,如浩荡的江河!"不需要太多的言语,更多的是心照不宣,还有什么比心灵上的相契相合来得更纯粹?

③君子之交淡如水,那是马克思和恩格斯40年革命生涯中的支持与牵挂。为了马克思能够集中精力研究革命理论,恩格斯违背自己本来的意愿去从事商业工作,在经济上资助贫困的马克思。他们曾20年身处两地,思想和心灵的沟通却始终不断。当恩格斯患病时,马克思在给他的信中说:"我关心你的身体健康,如同自己患病一样……"不求回报的支持,两地一心的牵挂,还有什么比彼此间的扶持和关心来得更长久?

④君子之交淡如水,那是鲁迅和瞿秋白腥风血雨中的同舟共济。面对国民党的悬赏追捕,同样处于危难中的鲁迅四次收留瞿秋白在家中避难;而在形形色色的反动文人侮蔑和诋毁鲁迅杂文的战斗意义时,是瞿秋白站出来给予鲁迅杂文以极高的评价。仅仅凭借当初翻译进步文学作品时的书信往来,便让之前未曾谋面的两人在反对国民党反革命文化围剿中,肝胆相照,引为同志。还有什么比患难与共、志同道合的友情来得更深厚?

⑤共同的志趣,共同的品质,共同的追求,使得彼此相知相助,相惜相勖,【甲】,【乙】,【丙】,这样的君子之交,不正应该是你我所追求的吗?

1. 文章开头举出薛仁贵与王茂生交往的事例,有什么作用?

2. 根据文意,将下面三个语句分别填入文中【甲】【乙】【丙】处(只填序号)。

①不计安危　　②不论地位　　③不分彼此

【甲】处应填:____　【乙】处应填:____　【丙】处应填:____

3. 阅读第④段,简要分析这一段所用事例为什么可以证明君子之交淡如水。

附 参考答案

1. 答案:揭示"君子之交淡如水"的内涵,引出作者的观点。
2. 答案:【甲】②【乙】③【丙】①
3. 答案示例一:

"君子之交淡如水"的内涵就是君子之间的交往,形式似"淡",实则志同道合,友情深厚。鲁迅和瞿秋白以前从未谋面,只凭书信往来,就相互信任;当危难来临之际,却互伸援手,肝胆相照。所以,这个例子证明了君子之交淡如水。

答案示例二:

鲁迅和瞿秋白以前未曾谋面,平日相交只是书信往来,两人的交往看似平淡,但当危难来临之际,却互伸援手,肝胆相照,表现出君子间患难与共、志同道合的深厚情谊。所以,这个例子证明了君子之交淡如水。

(编写 赵洪浩)

事物的正确答案不止一个

【内涵释义】

议论文的论证思路就是指作者在论述某个观点时的思维过程。这个过程讲究观点确切、层次明晰、论证方法的恰当运用、论证材料的有机组合,即文章提出了什么论点,采用了什么论证方法对中心论点进行论证,得出了什么结论。

【引领读悟】

以《事物的正确答案不止一个》为例落实本点。

学习准备

学生准备:课前自读课文,提出疑难问题;整理议论文的相关知识。

教师准备:在教法的选择上,考虑采用启发和学生阅读探究相结合的方法。重点在于培养学生用圈点批注的方法阅读课文,抓住过渡段、关键句、关键词,理解作者的观点,理清文章的论证思路。

导入新课

教师:时代呼唤创新,美国创造家罗迦·费·因格坚信"任何人都拥有创造力"。那么成为一个有创造力的人的关键是什么?今天我们就来学习《事物的正确答案不止一个》一文。

叙述目标

初步认识议论文"引论—本论—结论"的结构方式,并感知文章内容,理清作者写作思路。培养学生"我具有创造性思维"的自信。

阅读渐进引领

第一步:学生读文本,整体感知文章内容。

教师:请同学们大声朗读课文,整体感知文章内容,初步明确文章脉络,积累词语。

学生:自读课文,将文中出现的"根深蒂固""孜孜不倦""锲而不舍""止步不前""不言而喻""汲取"圈起来,借助注释,读准字音,理解词语在具体语言环境中的意思。

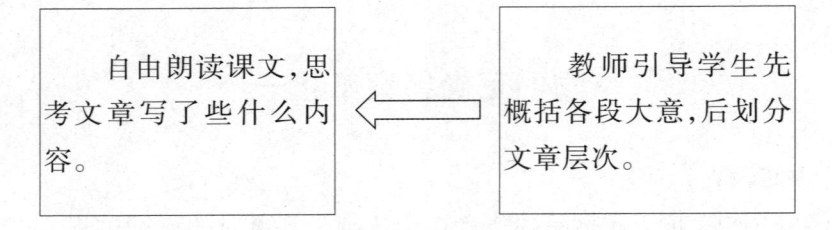

自由朗读课文,思考文章写了些什么内容。	←	教师引导学生先概括各段大意,后划分文章层次。

学生回答预设1:不满足于一个答案,不放弃探求。这一点为什么非常重要?

学生回答预设2:寻求第二种答案的途径有哪些?

学生回答预设3:创造性思维有哪些必需的要素?

学生回答预设4:发挥创造力的关键是什么?

学生回答预设5:区分一个人是否拥有创造力,主要根据是什么?

教师:从几位同学的答案中可以看出大家思考深入。请大家在学习小组里把自主探究的结果告诉给你的同伴,和你的同伴进行交流。一会儿我们再请各学习小组的中心发言人告诉全班同学你们小组的交流结果。

教师:刚才大家交流得不错,很认真,看来大家确实进入到文本中去了。下面,我们一起来看一看每个小组交流讨论的结果。

学生回答预设 1:问题 1 如果一个人把正确答案看成是唯一的话,那么他就会停止思维,停止前进,而不去发现其他更好的答案了。

学生回答预设 2:问题 2 富有创造性思维的人,不仅要孜孜不倦地学习,而且要充满好奇心,积累更多的知识。然后运用所学的知识去解答生活中遇到的实际问题,而且还要相信自己。不满足于一个答案,要更加深入地去探索,要相信自己的答案,锲而不舍地完善它。

学生回答预设 3:问题 5 区分一个人是否具有创造力,主要的依据是看他是否留意自己的一些细小的想法。我觉得作为一个具有创造力的人要留意自己一瞬间的想法,而且坚信它是正确的,是有价值的。要去不停地探究,从而开阔自己的思维,得到一个非常有价值的结果。

学生回答预设 4:问题 4 创造力的内涵包含以下几个方面:一是我们如何运用知识;二是要我们经常保持好奇心;三是要我们不断地积累知识,不断地去运用,不满足于一个答案;四是要我们继续进行多方面的思维,一旦产生小的灵感或一瞬间的灵感,要注意捕捉,不能放弃;五是需要我们锲而不舍地将它发展下去。

教师点拨提升:

同学们在刚才读文本的基础上,独立思考几位同学提出的问题。小组展示体现了对文本内容的初步把握,建议先在文本中圈点勾画并记录自己的思考和发现,然后概括各段大意,划分出文章的层次,初步感知文章内容。

第二步:进入问题解决。

教师:下面,请同学们结合刚才的学习内容和文本,针对"梳理文章的论证思路"这一问题提出自己的疑惑。

学生在小组内交流自己的困惑,以组为单位将问题分类整理,之后各组汇总问题分类情况。

学生提出问题分类预设:

第一类:文章的中心论点是什么?中心论点是怎样提出的?

第二类:采用了什么论证方法对中心论点进行论证?

第三类:最后得出了什么结论?

教师:接下来,我们以"如何梳理文章的论证思路"为主问题,结合《事物的正确答案不止一个》一文进行阅读方法的探讨。

对于"如何梳理文章的论证思路"这个主问题,我们可以分步骤去研究,我们先来研究问题一:文章的中心论点是什么？中心论点是怎样提出的?

第三步:教师指导点拨。

教师:下面我们就结合文章内容来解决问题一:文章的中心论点是什么？中心论点是怎样提出的？请同学们速读课文,思考并完成问题一。

读完文章,你认为本文的中心论点是什么？中心论点是怎样提出的？	←	用学过的议论文知识寻找中心论点: 1. 根据论题找论点。2. 根据论点的位置找论点。3. 根据论据找论点。4. 根据论点的特点找论点。5. 根据文章结构方式,找论点。

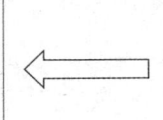

学生自由朗读后独立思考,再以组为单位进行讨论。

学生个体展示答案,全班交流。

学生回答预设1:题目"事物的正确答案不止一个"就是文章的论点。

学生回答预设2:第三段"不满足于一个答案,不放弃探索,这一点非常重要"是文章的论点。

学生回答预设3:13段"任何人都有创造力,我们要坚信这一点"是文章的论点。

学生回答预设1:通过分析选择题的答案不止一个,提出文章的论点。

学生回答预设2:题目就是论点。

教师点拨:

用学过的议论文知识寻找中心论点:1. 根据论题找论点。论点是作者对所论述的问题的见解和主张,是议论文的灵魂。那我们就可以先确定文章的论题,以此寻找中心论点。2. 根据论点提出的位置找论点,有的文章题目就是论点。有的在文章的开头开门见山地提出论点,有的过渡句起承上启下的作用,在文章的中间提出论点,有的在文章结尾起总结深化的作用,从而交代论点。3. 根据论据找论点。4. 根据论点的特点找论点。论点是作者看法的完整陈述,是明确的判断,在形式上是完整的句子。5. 根据文章结构方式找论点。议论文有两种典型的结构方式,明确这两种结构方式后再来找中心论点。结构方式①提出问题——分析问题——解决问题(例如:

《怀疑与学问》);结构方式②引论——本论——结论(例如:《想和做》)。请用圈点勾画读书法画出本文的中心论点。

学生:我确定本文中心论点——我们不满足于一个答案,不放弃探求,这一点非常重要。

教师:论点我们明确了,那中心论点是怎样提出的?

教师点拨提升:常见的提出论点的方法有:①开门见山。②缘事入笔,即从某种事或某个形象写起,引出中心论点。③诠释题旨,即通过对文题的阐释分析引出中心论点。④背景铺垫,即先概述提出中心论点的现实背景,然后再提出中心论点。⑤因事设问,即就所涉及的现象或问题发问,进而引出中心论点。

教师:本文论点提出的方式很明确了,同学们可以回答了吗?

学生:缘事入笔,即从某种事或某个形象写起,引出中心论点。

第四步:学生静心独立思考,读出认识,读出感受,小组合作探讨。

教师:通观全文作者的具体观点有哪些?哪些语句给你留下比较深刻的印象?哪些语句给你启发?围绕这些语句大家谈看法,有助于理解作者想法。

学生答案预设1:"事物的正确答案不止一个。"在今天的语境中,这个说法已经不具有振聋发聩的效果,但作者明确地提出来,依然可以起到很好的提醒作用。如果对以往生活、学习、工作的经历适当"复盘"的话,就会知道,作者所言不差——"正确答案只有一个"这种思维模式,在我们头脑中已不知不觉地根深蒂固。因此,只要明白正确答案可能有若干个,打破固有思维模式,解放思想并不很困难。

学生答案预设2:"不满足于一个答案,不放弃探求。"这个句子把思路引向深处。不仅仅知道"正确答案不止一个",还要有"不满足"的心态,有"不放弃"探求的精神。

学生答案预设3:"富有创造性的人总是孜孜不倦地汲取知识,使自己学识渊博。"我认为这句话针对学生的实际情况是最有意义的。十五岁左右的学生,很容易接受"事物的正确答案不止一个"的观点,但他们急于创新,认为灵机一动就可以完成创造性的伟大事业,因此轻视知识积累,不肯耐心学习人类经验,所谓"创造性思维"往往流于浅薄,甚至是胡思乱想。

学生:交流自己的思考,参与讨论并有人记录。

教师:巡视并适时参加小组的讨论,必要时作个别指导。

第五步:教师指定学生个体展示答案。

教师:摘读课文主体部分,明确本文论证的角度。学生用圈点批注的读书法,围绕下面两个问题进行圈点批注。

> 1. 主体部分围绕什么问题进行论证?
> 2. 创造性思维所必需的要素是什么?

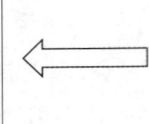

⬅

> 1. 读主体部分,通过抓过渡理清作者论证层次。2. 精读文本,分层次并概括,抓论证的核心内容。

学生回答预设1:主体部分是围绕"创造性思维有哪些必需的要素"进行论证的。作者认为必备要素有三点:一是必须精通各种知识;二是必须有探求新事物,并为此而活用知识的态度和意识;三是持之以恒地进行各种尝试。

教师:作者为了证明这些观点,用了什么论证方法?

学生回答预设1:例证法。

学生回答预设2:举了约翰古登贝尔克发明印刷机、排版术的事例和罗兰·布歇内尔发明交互式乒乓球游戏的事例。

教师:这些具体例子和观点之间有什么联系吗?

学生回答预设:这两个事例都很好地证明了精通各种知识、探求新事物的意识和具有持之以恒的精神是创造性思维的必要因素,很好地证明了观点。

教师:下面我们要明确本文的论证思路。

> 本文的论证思路是怎样的?

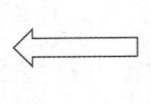

⬅

> 根据论证结构,现将每部分内容进行概括,然后再用"首先…然后…最后…"的句式进行表述。

学生回答预设1:文章先强调了不满足于一个答案,不放弃探求,这一点非常重要。然后围绕这一点层层论述,从创造性思维要有哪些必需的要素,到任何人都具有创造性思维,再到拥有创造力的人要具备的条件。最后再次强调"事物的正确答案不止一个"这一观点。

学生回答预设2:文章先提出"事物的正确答案不止一个"这一观点,然后阐明创造性思维有必需的要素,最后说明区分一个人是否拥有创造力的主要根据。

教师点拨:

课文从"事物的正确答案不止一个"说起。先用四个图形提出问题,然后通过对几种不同答案都具有合理性的分析,引出"事物的正确答案不止一个"的观点。接着,作者从"事物的正确答案不止一个",引申出"不满足于一个答案,不放弃探求,这一点非常重要"。原因是,"由于情况的变化,原来行之有效的方法,到了现在往往不灵了","如果你认为正确答案只有一个的话,当你找到某个答案以后,就会止步不前"。既然不满足于一个答案,需要寻求其他答案。怎样寻求呢?课文于是顺理成章地提出"有赖于创造性的思维",论述创造性思维必需的要素。这要素是:(1)有渊博的知识,因为知识的组合能形成新的创意。(2)有探求新事物,并为此而活用知识的态度和意识。(3)有持之以恒的毅力。课文特别提出"发挥创造力的真正关键,在于如何运用知识",并举出两个例子加以证明。紧接着,又引申出如下问题:"不过,这种创造性的思维是否任何人都具备呢?是否存在富有创造力和缺乏创造力的区别呢?"接着的论述就是回答这个问题的。先引用某心理学专家小组的结论,并对这个结论进行分析。实际上,自以为不具备创造力的人,是自我压制;而认为自己具有创造力的人,则关注极其普通、甚至一闪念的想法,并对它反复推敲,逐渐充实。像贝多芬、爱因斯坦和莎士比亚等杰出的人物也都如此。总之,"区分一个人是否拥有创造力",就是要看他是否"留意自己细小的想法",并使之变为现实。最后,课文得出结论,"任何人都拥有创造力",只要具备以上几个关键性的要素,就能成为一个富有创造性的人。

第六步:小组讨论、归纳答案。

学生:以小组为单位,结合文本内容和老师的具体方法指导并归纳问题答案。

第七步:指定组代表展示本组归纳的答案。

教师:帮助学生完成,告诉学生层层深入论证的方法,先怎样,再用什么例子证明,最后怎样。

小组代表展示:

文章首先从四个图形说起,得出"事物的正确答案不止一个"的常识性问题,然后层层推进,引出"不满足于一个答案,不放弃探求",进而提出需要创造性思维以及创造性思维必需的要素。最后总结:任何人都有可能成为富有创造性的人。从而强调本文的中心论点——努力成为一个富有创造力的人。

教师:文章三部分内容紧密衔接,互相照应,层层深入,首尾贯通,生动具体地阐述了中心论点。

第八步:教师或学生评价确认(补充)答案,升华。

教师:课文开头先引用材料,引出"事物的正确答案不止一个"的话题,确立创造性思维方式。这是提出问题。

主体部分从"创造性思维的必需要素"和"富有创造力和缺乏创造力的区别"两个角度进行分析。这是分析问题。

结尾部分总结出"创造性人才必备的条件"。这是解决问题。

整篇文章逐层深入,结构严谨,深入浅出。

课堂总结

同学们,本节重点是梳理了文章的论证思路。其方法是要归纳各段主要内容,合理划分文章结构,清楚作者的表达目的,简要概括事例,再从论证角度组织语言,理清论证思路。同时,我们也明白了"事物的正确答案不止一个"这样的道理,我们要挖掘自己的创造性思维。

【板书设计】

事物的正确答案不止一个
罗迦·费·因格

①提出问题:(1—3)由图提出论题,阐明创造性思维方式的重要性。

②分析问题:(4—12段)

第一层:具备创造性因素:孜孜不倦地汲取知识,使自己学识渊博。

第二层:具备创造性因素:在于如何运用知识。

第三层:拥有创造力的主要根据。

③解决问题:(13)做一个富有创造性的人的关键所在。

【智慧训练】
阅读《在错误中尝试》，完成下列各题。

在错误中尝试

①现代西方教育中有"尝试错误"的理论；五百年前，明朝人沈君烈就提出"终日学终日误，终日误终日学"的观点。可见，在错误中学习，勇于尝试，就有机会获得成功。

②楚汉相争时，项羽的失败，就在于他不知道在错误中学习。每当他有所主张，左右总是连声称"是"，钦佩拜伏。一直到死他还错误地认为是"天之亡我，非战之罪"。平时在百战百胜中，他愈来愈自负。大难临头了，还在高唱"力拔山兮气盖世"。项羽难以放下身段，从自负的巅峰走下来，弄到无颜回江东去的地步，结果只有死路一条。

③刘邦的成功，得益于在错误处注意学习。有人当面指责他，不应该一面洗脚一面和长者说话；有人暗暗提示他，不应该在韩信求封齐王的使者面前发脾气；有人诚恳地忠告他，不应该迷恋各国佳丽，要赶快迁都回关中去……他总会幡然醒悟，在错误中学到很多，终于获得事业的成功。

④由此想起《潜虚》上的一句名言："项羽日胜而亡，高祖日败而王。"因为缺少学习改进的机会，自始至终固守一套僵化的战略，所以日胜反而灭亡；因为在失败之中善于学习，不断总结经验教训，所以日败反而称王。

⑤古语也有"学书纸费，学医人费"的说法。不费纸，学不好写字；不费人，学不好医术。一位成名的书法家，送你一幅字，在背后不知他撕毁了多少张纸，才成就这一幅字。更不要去细数他当年学习过程中墨池皆黑、废纸成堆的境况了。一位医术精湛的大夫，必然诊治得多、观察得多，也累积了许多误诊的教训。古谚说"巧者不过习者之门"。只要不怕错误，反复学习，便能达到巧妙的境地。

⑥"逐日淘沙定有金"，成功的金砖就是从淘洗错误的沙砾中诞生的。有志者，不但不应为错误、失败而气馁，反而应该以失败为师，在错误中吸取教训，从而走向成功的彼岸。

1. 选文的中心论点是什么？
2. 选文②③两段的顺序能否调换？请说出理由。
3. 请简要分析选文第⑤段的论证思路。

附　参考答案

1. 在错误中学习,勇于尝试,就有机会获得成功。

2. 不能。因为第②段写项羽,第③段写刘邦,第④段引用名言和论述的内容与②③段的顺序相对应,体现了议论文的结构的严谨。

3. 先用古语作为道理论据,接着用"学书""学医"两个事例进行阐述并作为事实论据,论证中心论点,最后以古谚作道理论据,再一次论证中心论点。

（编写　齐娜）

能区分观点

怀疑与学问

【内涵释义】

议论文的观点:即议论文的论点,是作者在文章中对所论述的问题所持的见解和主张,是议论文的灵魂。有的议论文还围绕中心论点提出几个分论点,分论点是用来补充和证明中心论点的。所谓区分观点就是准确地区别论点和论题,辨别论点与分论点以及观点和材料间的关系。

【引领读悟】

以顾颉刚《怀疑与学问》一文为例落实本点。

学习准备

议论文的文体知识:论题是作者所要论述的问题。论点是作者对所论述问题的见解和主张,在形式上应是一个完整的判断句。论据是用来证明论点的材料,一般可分为事实论据和道理论据。事实论据是对客观事物的真实的描述和概括,具有现实性的特点,因此是证明论点的最具说服力的论据。它包括具体事例、概括事实、统计数字、亲身经历等等。道理论据是指对某个问题或者观点进行论证,说明其正确或错误而引用一些名人名言、谚语、古代文献等进行证明的材料。论证是运用论据来证明论点的过程和方法。议论文的一般结构为提出问题、分析问题、解决问题。论证方法多种多样,常见的有以下几种:举例论证、道理论证、比喻论证、对比论证等。

导入新课

教师:一切有成就者,都是脑子里装满了问号的人。古人云:"学贵有疑""小疑则小进,大疑则大进"。我们在学习中要心存疑问,勇于提问,不耻下问,只有这样才能提高自己的学识水平。今天,就让我们一起来学习顾颉刚先生的一篇著名的议论文——《怀疑与学问》。首先让我们先来明确这节课的学习目标。

叙述目标

通过圈点批注法,整体感知文章的论证思路,准确判断文章的论点。通过小组学习,在确定文章论点的过程中,区分观点和材料,发现观点和材料之间的关系,提高议论文的阅读能力。

阅读渐进引领

第一步:学生读文本,整体感知文章内容,明确积累内容。

教师:刚才我们一起明确了本节课的学习目标,下面请同学们打开书,先朗读课文,划出自己最喜欢或是读不懂的语句,初步了解课文内容。

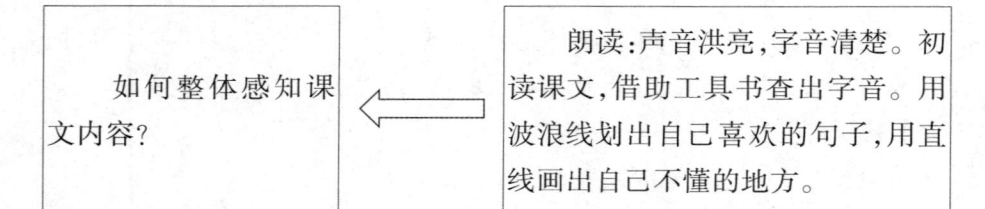

如何整体感知课文内容?	⬅	朗读:声音洪亮,字音清楚。初读课文,借助工具书查出字音。用波浪线划出自己喜欢的句子,用直线画出自己不懂的地方。

学生:自读、同桌读,注意读准字音。

教师:下面,哪位同学把自己喜欢的或不懂的词语或句子,与全班同学分享一下。

学生回答预设1:我喜欢"孟子所谓'尽信书不如无书',也就是教我们要有一点怀疑的精神,不要随便盲从或迷信"。这句话让我明白了一个道理:对于书本知识,不能盲目相信,要有质疑的精神。

学生回答预设2:我喜欢"一切学问家,不但对于流俗传说,就是对于过去学者的学说也常常抱怀疑的态度,常常和书中的学说辩论,常常评判书中的学说,常常修正书中的学说:要这样才能有更新更善的学说产生"这句话,其中"一切"这个词用得非常准确,"一切"包括古今中外的学问家,无一例外。

学生回答预设 3：老师，我分辨不清楚这篇文章的论点是什么？

教师：大家说得都非常好，每个同学都表达了自己的独特感受或困惑，相信同学们在自己阅读中同样会有不同的困难或是问题。

第二步：进入问题解决。

教师：下面请同学们看文章题目，针对文章题目，你会提出哪些问题呢？

学生提问预设：

1. 怀疑与学问之间有着怎样的关系？
2. 作者在这篇文章中论证了一个什么问题？
3. 在这篇文章中作者的观点是什么？
4. 作者是怎样论述观点？
5. 怎样区分观点？

第三步：教师指导点拨。

教师：根据刚才大家的提问情况，我们可以把这些问题归纳为一个问题就是如何区分议论文的论点，在解决这个问题之前，我们应明确议论文的相关知识。

首先议论文的三要素是论点、论据、论证。明确论点，首先要区分论点和论题。

论题是文章所论述的问题。论点是作者对所论述问题的见解和主张。一般议论文的标题会点明论点或论题，即论点式标题和论题式标题。归纳论点的方法：1. 依据论题；2. 论点的常见位置：标题、开头、中间、结尾；3. 依据论据，论据是用来证明论点的材料，一般可分为事实论据和道理论据。

教师：请大家先独立思考作者在本文中所持的观点是什么？然后小组讨论，最后各组选派一名同学发言，时间 3 分钟。

第四步：学生独立思考，准备答案。

学生根据教师提供的学习建议，进行独立思考，然后小组内部交流。

多媒体展示：

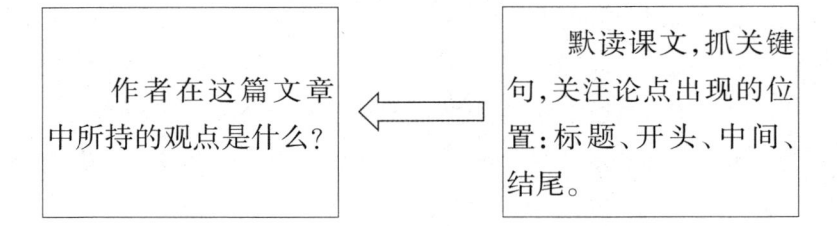

| 作者在这篇文章中所持的观点是什么？ | ← | 默读课文，抓关键句，关注论点出现的位置：标题、开头、中间、结尾。 |

学生结合学习提示,默读课文,圈点批注,独立归纳答案。

第五步:学生个体展示,交流答案。

教师:现在我们请每组出一名代表发言。

学生回答预设1:我组认为作者的观点是怀疑与学问。因为它出现在文章的标题。

学生回答预设2:我组认为作者的观点是怀疑不仅是从消极方面辨伪去妄的必要步骤,也是从积极方面建设新学说、启迪新发明的基本条件。

学生回答预设3:我组认为作者的观点是"学者先要会疑""学则须疑"。

教师:各组同学发表了不同的看法,大家认为哪个组的同学回答的是对的,请说出你的理由。注意看我给大家的提示!

| 请判断哪个组的答案是正确的,并说出理由? | ← | 关注论点与论题的区别点:论点是作者对所论述问题的见解和主张,它一定是个陈述句。论题是文章所论述的问题,它应该是个短语。 |

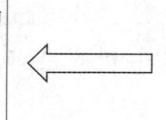

学生回答预设:我认为论点是作者对论述问题发表的看法、观点或态度,所以,怀疑与学问不是一个明确观点,只能是一个论题,也就是说本文是论述"怀疑"与"学问"二者之间的关系,本文的题目不是论点是论题。

教师:分析得非常好,我们排除了第一名同学的答案。明确了怀疑与学问是本文的论题,那么,"怀疑"与"学问"二者之间的关系是什么?是"怀疑不仅是从消极方面辨伪去妄的必要步骤,也是从积极方面建设新学说、启迪新发明的基本条件",还是"学者先要会疑""学则须疑"?这两句话都是论述"怀疑"与"学问"二者之间的关系,哪位同学解释一下"学者先要会疑""学则须疑"这两句话是什么意思?

学生回答预设:"学者先要会疑"是说做学问要先学会怀疑,"学则须疑"是说做学问必须要怀疑。

教师:那这两个论点谁统领全文呢?谁支撑谁呢?老师给大家介绍了一种方法,那就是通过分析文中的论据,来区分哪个是文章的中心论点。各小组同学先独立思考,然后小组讨论,最后小组代表发言。

第六步:小组讨论归纳答案。
多媒体展示:

| 本文运用了哪些论据?分别证明了什么? | ← | 1. 默读课文,圈点批注重要信息。
2. 筛选、整合信息。
3. 正确、有序地表述。 |

学生回答预设1:第三段举了"在国难危急的时候,各地一定有许多口头的消息,说得如何凶险,那便是别人的传说,不一定可靠;要知道实际的情形,只有靠自己亲自去视察"的例子,论述做学问要以事实为依据。

学生回答预设2:第四段中用了对比论证"我们信它,因为它'是';不信它,因为它'非'",证明我们对于传说的话,不论信不信,都应当经过一番思考,不应当随随便便就信了。而后面又说"这一番事前的思索,不随便轻信的态度,便是怀疑的精神",这句话可以简化为"我们对于传说的话,要有怀疑精神"。

学生回答预设3:第五段用了引证法,引孟子话"尽信书不如无书"。

学生回答预设4:第六段"对于别人的话,不经过思索,都不打折扣地承认,那是思想上的懒惰。这样的脑筋永远是被动的,永远不能治学。只有常常怀疑,常常发问的脑筋才有问题,有问题才想求解答。在不断地发问和求解中,一切学问才会起来。"运用对比论证,论述怀疑精神对于治学的重要性。

学生回答预设5:第六段还举了戴震治学善问的事例证明"许多大学问家、大哲学家都是从怀疑中锻炼出来的",继而证明"怀疑是建设新学说、启迪新发明的基本条件"。

学生回答预设6:第六段"古往今来科学上新的发明,哲学上新的理论,美术上新的作风,都是这样产生。若使后之学者都墨守前人的学说,那就没有新问题,没有新发明,一切学术也就停滞,人类的文化也就不进步了。"正反对比论证论述"怀疑是建设新学说、启迪新发明的基本条件"。

教师根据学生的回答进行点拨:第一位同学回答得不错,第三段举了"在国难危急的时候,各地一定有许多口头的消息,说得如何凶险,那便是别人的传说,不一定可靠;要知道实际的情形,只有靠自己亲自去视察。"那你怎样看待后面的转折句"但这种证据有时候不能亲自看到,便只能靠别人的传说了"?

学生回答预设:转折句,一般都强调后一句,所以应该是强调做学问也需要依靠别人的传说。

教师:本段的这句话就起到了引出下文的作用,并没有发表对"怀疑与学问"关系的看法,说明本段没有论点。做学问需要依靠别人的传说,那是不是我们就完全依靠别人的传说呢? 现在我们阅读第四段内容。这一段用了哪些论据? 证明了哪句话? 下一组同学代表发言。

学生回答预设1:第四段中用了对比论证"我们信它,因为它'是';不信它,因为它'非'",证明我们对于传说的话,不论信不信,都应当经过一番思考,不应当随随便便就信了。而后面又说"这一番事前的思索,不随便轻信的态度,便是怀疑的精神",这句话可以简化为"我们对于传说的话,要有怀疑精神"。

学生回答预设2:除了对比论证,这段还用了例证法,举"我们听说中国古代有三皇、五帝,便要问问:这是谁说的话? 最先见于何书? 所见的书是何时何人著的? 著者何以知道? 我们又听说'腐草为萤',也要问问:死了的植物如何会变成飞动的甲虫? 有什么科学根据?"论述"我们对于传说的话要有怀疑的精神"。

教师:顾颉刚老先生在第四段告诉我们:做学问时,对传说的话要有怀疑的精神,这样才能排除虚妄的学说,那是不是对于书本上的知识就要完全相信呢? 接下来我们阅读第五段内容,看看这段用了哪些论据,论证了什么观点? 下一组代表回答。

学生回答预设3:这段用了引证法,引孟子话"尽信书不如无书"。它的意思是完全相信书不如没有书。引孟子的话是证明"我们不论对于哪一本书,哪一种学问,都要经过自己的怀疑"。

教师:本段的怀疑精神是指什么?

学生回答预设:不要随便盲从或迷信。

教师:第五段的论点可以概括为"我们对书本知识要有一种怀疑精神",经过这样的怀疑,结果会怎样?

学生回答预设:经过"怀疑""思索""辨别"三步以后,那本书才是自己的书,那种学问才是自己的学问。

教师:现在我们快速默读,第六段运用什么论据,证明了什么观点?

学生回答预设:第六段的第一句话是本段的观点。这句话是递进关系的复句,前半句是对上文的一个小结,后半句才是本段论述的观点。

教师:那么"怀疑不仅是从消极方面辨伪去妄的必要步骤"是对哪几段内容的总结?

学生:"怀疑不仅是从消极方面辨伪去妄的必要步骤"是对3—5段的总结,从两个方面论述的:一是,对于传说应当经过一番思考,不应当随随便便就信了;二是,对于书本知识不要随便盲从迷信。

教师:说得非常好,第六段的观点是"从积极方面建设新学说、启迪新发明的基本条件",作者是怎么论述这一观点的?

学生回答预设1:第六段运用对比论证"对于别人的话,不经过思索,都不打折扣地承认,那是思想上的懒惰。这样的脑筋永远是被动的,永远不能治学。只有常常怀疑,常常发问的脑筋才有问题,有问题才想求解答。在不断地发问和求解中,一切学问才会起来。"论述怀疑精神对于治学的重要性。

学生回答预设2:这段还举了戴震治学善问的事例证明"许多大学问家、大哲学家都是从怀疑中锻炼出来的"继而证明"怀疑是建设新学说、启迪新发明的基本条件"。

学生回答预设3:正反对比论证"古往今来科学上新的发明,哲学上新的理论,美术上新的作风,都是这样产生。若使后之学者都墨守前人的学说,那就没有新问题,没有新发明,一切学术也就停滞,人类的文化也就不进步了。"论述"怀疑是建设新学说、启迪新发明的基本条件"。

教师:通过大家分析论据,我们会发现所有的论据都是为证明做任何学问都要有怀疑精神,那么作者是怎样论述观点的呢?

多媒体展示:

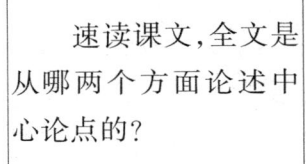

| 速读课文,全文是从哪两个方面论述中心论点的? | ← | 首先概括各段内容,然后梳理各段之间的内在关系,最后用恰当语言表述。 |

学生回答预设1:首先第一、二段引名人名言提出中心论点,接着第三、

四、五、六段论述中心论点,从两方面论述,先从消极方面论证怀疑是"辨伪去妄的必要步骤"。为论证这一点,第三、四段从对于传说的话,不应随随便便就信,要有怀疑精神,再到第五段对于书本知识不要随便盲从或迷信,要有怀疑的精神。然后第六段论证从积极方面怀疑是"建设新学说、启迪新发明的基本条件"这一分论点,也分两层论述,第一层,只有常常怀疑,常常发问,一切学问才会起来;第二层,常常怀疑,常常辩论,常常评判,常常修正,才能创建新的学说。

学生回答预设2:首先提出观点,然后从消极方面和积极方面加以论述。

教师归纳:同学们回答得不错,简单地说,首先作者前两段引名人名言提出中心论点,然后第三、四、五段和六段分别从消极方面和积极方面来证明观点。那么,综上分析,本文的论点是什么?

第七步:小组代表展示交流答案

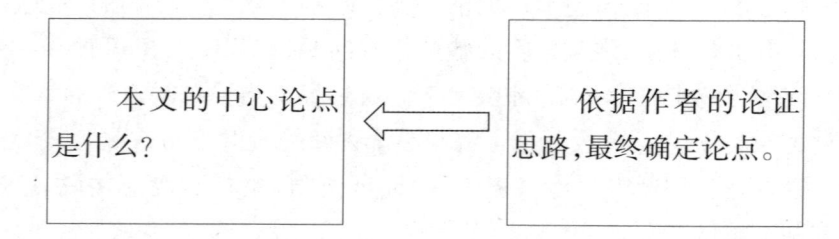

| 本文的中心论点是什么? | ← | 依据作者的论证思路,最终确定论点。 |

学生回答预设1:从全文的论证思路来看"怀疑不仅是从消极方面辨伪去妄的必要步骤,也是从积极建设新学说、启迪新发明的基本条件"只是文章的分论点,也就是说从积极和消极两个方面来论述论点的。

学生回答预设2:本文的中心论点:"学者先要会疑""学则须疑"也可以概括为:我们做学问一定要有怀疑的精神。

教师:"怀疑不仅是从消极方面辨伪去妄的必要步骤,也是从积极方面建设新学说、启迪新发明的基本条件"与"学者先要会疑""学则须疑"是什么关系?

学生:"学者先要会疑""学则须疑"是中心论点,"怀疑不仅是从消极方面辨伪去妄的必要步骤,也是从积极方面建设新学说、启迪新发明的基本条件"是分论点。

教师:老师做一点补充,本文前两段引用名人的话提出全文的论点:"学者先要会疑""学则须疑",引名人名言提出中心论点的好处是,在提出中心论点的同时,学者的名言本身也成为证明中心论点的有力论据,这使中心论点更具有说服力。

第八步:教师评价,确认答案。

教师:我们以《怀疑与学问》一文为例,训练了区分论点这个能力点,归纳一下区分论点的方法:第一,明确论题,从文章的论题入手,初步确立论点;第二,分析论据,从文章所运用的论据进一步明确论点;第三,理清文章思路,最终确定论点。

课堂总结

教师:同学们,本节课我们主要用了朗读法、讨论法、圈点批注法,学习了《怀疑与学问》这篇文章,我们不仅领会了"怀疑精神"的积极意义,懂得求知治学的正确态度和途径,而且我们还学会了区分议论文论点的方法。希望同学在今后的学习中不断实践,举一反三。

【板书设计】

能区分论点

明确论题,初步确立论点

⇩

分析论据,明确论点

⇩

理清思路,最终确定论点

【智慧训练】

阅读下面文字,回答问题。

①随着社会的进步,越来越多的普通人和民间组织开始参与到公益事业中来,我们把这种平民公益叫作"微公益"。一些发生在我们身边的"微公益"行动,让人如沐春风,心生暖意。

②参与"微公益"行动的人能力虽微,但其散发的人格魅力芬芳远播。八十多岁的甘肃老人陈尚义靠捡垃圾的微薄收入,二十多年收养了45个弃婴;天津老汉白芳礼几十年蹬三轮车挣钱助学,惠及学生三百多人;新疆维吾尔族大叔阿里木靠烤羊肉串的收入,八年中资助贫困学生上百名……他们都是普通人,像大地上的一粒粒微尘,像大海里的一滴滴水珠。也许有人认为他们渺小,但他们却用自己的行动温暖他人,诠释良

知。他们灵魂深处溢出的芬芳,散发出人性的光辉,彰显着普通人平凡中的伟大和崇高。

③发起"微公益"行动的民间组织力量虽微,但其产生的"正能量"却不可低估。他们以自己的微薄之力催生爱心、传递善良,带给人们崇善向上的希望;他们以爱传爱,以善扬善,汇聚成一股股爱的暖流。在湖北钟祥,"小红帽义工"集合起一群个体劳动者,他们坚持走街串巷做好事,为城市增添了一道美丽风景;在江西丰城,活跃着一群"萤火虫"志愿者,他们以"萤火虫虽小,也要为社会送去微弱的光亮"的执着,将爱心传递。"众人拾柴火焰高",当个体的想法上升为一个群体的意识的时候,当个体的行为演变为一个群体的自觉行动的时候,它的影响就会变得巨大而深远。

④乐善好施,扶危济困,早已深深融进我们民族的血脉,成为有口皆碑的道德美谈。然而,随着市场经济的发展,有的人对此产生了疑虑、困惑。他们看不到个人力量对社会的影响,变成了"多一事不如少一事"的看客,在他人需要帮助、遇到危难时态度冷漠。其实,一个人能力有大小,但只要有爱心、有责任感,坚持从小事做起,从身边的事做起,就能积小善为大善,变小德为大德。孟子曰:是不为也,非不能也。"微公益",_____。

⑤在当今社会,倡导越来越多的普通人参与"微公益"是非常必要的。随着"微公益"行动的滚雪球效应,扶危济困、助人为乐的美德必将传遍神州大地,结出丰硕的果实。

1. 本文的中心论点是什么?
2. 分析文章第①—④段的论证过程,按要求填空。
首先_____(不超过12字),其次_____(不超过24字),然后_____(不超过18字)。
3. 请你在第④段结尾横线处填写一句话,阐明"微公益"与孟子的话之间的联系。

附 参考答案
1. 在当今社会,倡导越来越多的普通人参与"微公益"是非常必要的。
2. (首先)明确"微公益"的概念(其次)从个人和民间组织角度论证"微公益"的意义(然后)指出当前倡导"微公益"的原因

3. 示例一：人人皆可为，关键在于有无此心
   示例二：每个人都能做到，关键看你做不做

（编写　邱淑敏）

能区分材料

人的高贵在于灵魂

【内涵释义】

议论文的材料,即论据,是支撑论点的材料,是作者用来证明论点的理由和根据,分为事实论据和道理论据两种。事实论据包括有代表性的事例、确凿的数据、可靠的史实等。道理论据一般包括人们公认的正确可行的道理、格言、名人名言、原理、定理等。能区分材料,即能区别或辨别事实论据和道理论据,理解论据与论据的关系以及论据与论点的关系。

【引领读悟】

以周国平的《人的高贵在于灵魂》为例落实本点。

学习准备

熟读课文,读准字音,初步了解课文内容。

《语文课程标准》对议论文阅读的要求是:阅读简单的议论文,区别观点与材料(道理、事实、数据、图表等),发现观点与材料之间的联系,并通过自己的思考,做出判断。

议论文的三要素及作用:论点,就是作者对所论述问题所持的见解和主张;论据,就是证明论点的材料;论证,就是用论据证明论点的过程。论点是解决"需要证明什么"的问题,论据是解决"用什么来证明"的问题,论证是解决"怎样证明"的问题。论据分事实论据和道理论据,事实论据是指增强说服力的史实、典型事例、统计数据等,道理论据是指名言、格言、谚语、科学原理、概念定律、公式等。

导入新课

同学们,安徒生有一篇美丽的童话,让我们常读常新,它就是《海的女儿》。那个坚强的小美人鱼宁愿放弃几百年的寿命,宁愿承受每走一步都钻心痛的折磨,也要得到人类的一个灵魂。据她奶奶说,人类的寿命虽短暂,但人类的灵魂却能引领人类进入不灭的天堂。人类的灵魂到底可贵、珍贵、高贵在哪里呢?作家周国平的《人的高贵在于灵魂》一文回答了这个问题,今天这堂课我们就来学习他的这篇文章。(板书:人的高贵在于灵魂)

叙述目标

我们要通过阅读文章,概括文章的材料,明确文章的中心论点;通过分析材料,理解"灵魂"的内涵,学习列举不同侧面事例证明自己观点的方法;通过阅读文章,理解文中"灵魂生活"的内涵,关注自己的内心世界,保持纯正的追求。

阅读渐进引领

第一步:学生读文本,整体感知文章内容。

教师:请同学们快速浏览课文,划出自己喜欢的句段,按自己的理解读一读。

学生自由读,个体读,划出自己最喜欢的句、段,放声读。

教师:好,哪位同学把自己喜欢的句段,有感情地读一读?

学生回答预设1:我喜欢"他们爱思想胜于爱一切包括自己的生命,把灵魂生活看得比任何外在的事物包括显赫的权势更加高贵"这句话。

学生回答预设2:我喜欢"我常常发现,在平庸的背景下,哪怕是一点不起眼的灵魂生活的迹象,也会闪放出一种很动人的光彩"这句话。

学生回答预设3:我喜欢"我对自己说:有着纯正追求的青春岁月的确是人生最美好的岁月"这句话。

第二步:进入问题解决。

教师:读完文章,同学们对文章中的材料安排有哪些问题?读完后说一说。

学生在小组内交流自己的困惑,以组为单位整理,之后各组汇报问题分类情况。小组讨论设计问题:有些简单问题,学生之间就会相互解答。组长记录有价值的、学生自己不能解决的问题。

学生提出问题预设1:文章都用了哪些材料来论证观点?

学生提出问题预设2:写阿基米德的事,作者想证明什么?

学生提出问题预设3:作者写了许多名人,为什么还要写普通人?

教师:为了更好地解决同学们的问题,我们要研究老师的这几个问题:作者关于"人的高贵"提出了一个什么观点?作者用了哪些材料来证明论点?这些材料间有什么关系?

第三步:教师指导点拨。

教师:要想回答同学们的问题,明确观点是关键。

| 说一说作者关于"人的高贵"提出了一个什么观点?(也就是本文的中心论点是什么?) | ← | 默读课文,概括每段主要内容,尤其关注论点出现的位置抓关键句,提炼关键信息,通过分析概括找到本文中心论点。 |

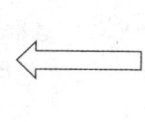

学生回答预设1:人的高贵是因为人有一颗能思想的灵魂。

学生回答预设2:我们当然不能也不该否认肉身生活的必要,但是,人的高贵在于他有灵魂生活。人并无高低贵贱之分,由于内心世界的巨大差异,才分出了高贵和平庸,乃至高贵和卑鄙。

教师:是的,在作者看来,人的高贵在于灵魂。他认为,人的高贵不在于衣服的华贵、出身高贵、物质财富的拥有,而是取决于人的内心世界。作者是一位哲学家,他能够形成这样的认识当然源自他深刻的思考,但也是建立在对具体事例的观察上,他究竟选了哪些事例来证明自己的观点呢?请同学们快速浏览课文,并用简洁的语言把事例概括出来。

| 默读全文,思考:作者用哪些事例来证明自己的观点? | ← | 通过圈点画线、边注眉批,按照"谁在什么情况下做了什么"的格式进行概括。 |

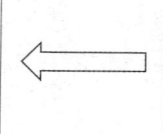

教师:概括段意的要求是:明确、完整、直接,语句要简明扼要。请大家用句式"谁在什么情况下做了什么"来概括,我相信语言一定会精练得多。

第四步:学生静心独立思考,个体准备答案。

给学生五分钟的时间,安排学生静心独立思考。指导学生做好圈点批注,做好回答问题的准备。

第五步:学生个体展示答案。

学生回答预设1:阿基米德面对即将劈向自己的剑,依然专心想着他正在研究的"圆"。

学生回答预设2:第欧根尼置亚历山大大帝的询问于不顾,继续他阳光下的"沉思"。

学生回答预设3:王尔德在海关人员询问出境有什么东西要报关时说:"除了我的才华,什么也没有。"

学生回答预设4:一个少女置身闹哄哄的车厢,旁若无人,全神贯注地读自己的书。

学生回答预设5:许多默默无闻的青年画家物质生活十分匮乏,但仍节衣缩食,来首都看画展,在名画前流连忘返。

教师:在这五个事例中,"灵魂"这个词并没有出现,但在他们的言行之中,在他们最在乎的、追求的东西中,灵魂的光彩已经折射出来了。让我们来共同探讨——他们每个人在不同的情形下,最在乎的是什么呢?

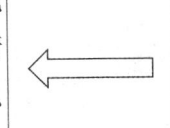

共同探讨——他们每个人在不同的情形下,最在乎的是什么呢?	⬅	文章每列举完一个事例,都有一段精要的分析。找到议论性语句,并在页面空白处做批注,针对这些内容,选择最有感触的语句,写下理解。

学生回答预设1:古希腊的物理学家阿基米德最在乎的是画在地上的圆,这个圆实质上指的是对科学的思考。

学生回答预设2:第欧根尼最在乎的是阳光,阳光在这里实际是深入的思考。

学生回答预设3:王尔德最在乎的是才华,对他来说,"才华"就是自己精神和灵魂所寄托的一切,献身于文学艺术的人,总是把"才华"看作寄托自己灵魂之所在。

学生回答预设4:少女最在乎的是(全神贯注地)读书,精神生活。

学生回答预设5：默默无闻的青年画家最在乎的是欣赏名画，精神生活，艺术地追求。

教师：由此我们可知：人的高贵在于灵魂。这里五种人"高贵灵魂"的内涵是什么？结合五个事例归纳。

"人的高贵在于灵魂"，这里"高贵灵魂"的内涵是什么？	⇐	可以结合五个事例以及"最在乎的"内容进行分析和概括，得出结论。

学生回答预设1：古希腊的物理学家阿基米德的高贵灵魂体现在对科学的思考。

学生回答预设2：第欧根尼的高贵灵魂体现在深入的思考。

学生回答预设3：王尔德的高贵灵魂是把"才华"看作寄托自己灵魂之所在。

学生回答预设4：少女的高贵灵魂体现在精神生活。

学生回答预设5：默默无闻的青年画家的高贵灵魂体现在精神生活，对艺术的追求。

教师：在这里，作者把抽象的观点用形象的例子表现出来了，让我们透彻地解读了高贵灵魂的内涵。我们来看一下，作者精选了五个事例来证明自己的观点，是否重复呢？同学们有没有发现，其实作者有意识把五个事例分成了两类人物的事例，谁能发现是哪两类？

学生回答预设：名人和普通人。

作者通过写名人和普通人的事例证明人高贵灵魂的内涵是什么？	⇐	分析这两类人的特点时，结合文中叙述后面的议论语句，提炼出：热爱学术、珍惜精神财富、富有纯正追求。

第六步：小组讨论归纳答案。

教师：请同学们以四人为一小组讨论，认真读每段内容，在理解段意的基础上，对自然段进行合并，将意思相近的内容合并一起，并将重点提炼出来,用完整的语言表达出来。下面请小组合作讨论归纳答案。然后每组出一名代表展示本组归纳的答案,要求:表述全面、到位、准确、规范。

第七步:指定组代表展示本组归纳的答案。

教师:请组代表展示本组归纳的答案,要求表述全面、到位、准确、规范。

组代表展示答案。

学生回答预设1:用"阿基米德面对即将劈向自己的剑,依然专心想着他正在研究的圆"和"第欧根尼置亚历山大大帝的询问于不顾,继续他阳光下的沉思"证明"优秀人物对于灵魂生活的珍爱,他们爱思想胜于爱一切,包括自己的生命。把灵魂生活看得比任何外在的事物包括显赫的权势更加高贵"。简单概括就是热爱学术。

学生回答预设2:用王尔德在海关的话,证明"珍惜内在的精神财富甚于外在的物质财富,这是古往今来一切贤哲的共同特点"的观点。简单概括就是珍惜精神财富。

学生回答预设3:用"一个少女置身闹哄哄的车厢,旁若无人,全神贯注地读自己的书"和"默默无闻的青年画家最在乎的是欣赏名画,精神生活,艺术地追求"的事例,证明"平庸的背景下一点不起眼的灵魂生活的迹象,也会闪放出一种很动人的光彩"的观点。简单概括就是富有纯正追求。

教师:我们把这五方面来归类,发现无论是阿基米德还是第欧根尼,他们的共同点是热爱学术思考胜于爱一切,包括自己的生命;对于王尔德和古往今来的一切贤哲来说,他们珍惜内在的精神财富甚于外在的物质财富;而对于后两个例子中的少女和青年画家这样的普通人而言,他们的共同点是富有纯正追求。这就是他们高贵灵魂的内涵啊!(板书:热爱学术　珍惜精神财富　富有纯正追求)

教师:补充一事例,意大利伟大的哲学家布鲁诺,因坚持自己的学说,最后被宗教裁判所判为"异端"烧死在罗马广场。那么,能否把第三段英国作家王尔德的例子换成哲学家布鲁诺的例子?为什么?

| 把第三段英国作家王尔德的例子换成哲学家布鲁诺的例子可以吗?为什么? | ← | 利用所举事例与论点之间的联系和所举事例与事例之间的区别,进行分析。 |

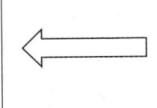

学生回答预设1：不能把第三段英国作家王尔德的例子换成哲学家布鲁诺的例子。

学生回答预设2：不可以。因为作者选取的王尔德是文学家的例子，换成布鲁诺的就跟第欧根尼的哲学家的例子重复。

学生回答预设3：不能把第三段英国作家王尔德的例子换成哲学家布鲁诺的例子。因为作者选取的王尔德是文学家的例子，换成布鲁诺的就跟第欧根尼的哲学家的例子重复。王尔德的例子直接体现了灵魂的内涵在于珍惜内在的精神财富这一点，而布鲁诺的事例则更加侧重体现对学术观点的坚持，甚至不惜牺牲自己的生命。

教师：对！所以在用例子来证明观点时，要围绕论点选取事例，所举例子要有典型性，必须在体现某一论点的一类事例中，最具有代表性。事例的角度要有所侧重，由外国到中国，由古代到现代，由贤哲到普通人。故事发生的时刻也不同，由关键时刻到平常时刻。分别从不同角度、各个方面选取典型事例来论证"人的高贵在于灵魂"，有说服力，体现了议论文举例的典型性。

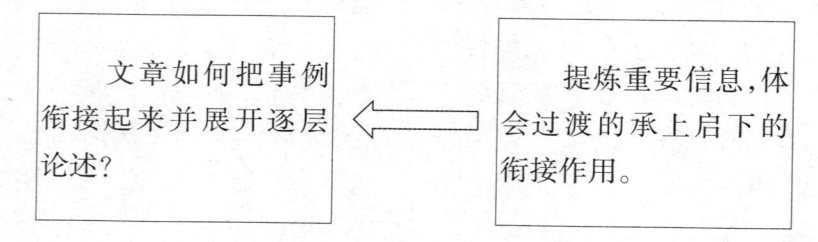

文章如何把事例衔接起来并展开逐层论述？	←	提炼重要信息，体会过渡的承上启下的衔接作用。

学生回答预设1：文章利用过渡句和过渡段把事例衔接起来并展开逐层论述。

学生回答预设2：在事例1、2后，用了过渡句"珍惜内在的精神财富甚于外在的物质财富，这是古往今来一切贤哲的共同特点"。在事例3后，用过渡语句"其实，无须举这些名人的事例，我们不妨稍微留心观察周围的现象。我们常常发现，在平庸的背景下，哪怕是一点不起眼的灵魂生活的迹象，也会闪放出一种很动人的光彩"，引出下文内容。

第八步：教师评价，升华强化并提示相关注意。

教师：的确，人的高贵虽然也指人的品质，但还涵盖了丰富的内涵——精神的追求、内心世界的丰富、纯真的追求。作家周国平给出了自己的思考，其实，"灵魂的高贵"还有很多的内涵——比如对工作对事业的追求、责任心,对别人的爱心,坚强不屈的毅力等等很多方面。那就让我们用鲜活的事例,形象地阐释"灵魂的高贵"还可以表现在哪些方面?

学生回答预设1:有的人没有因为自己即将离世就悲观失望,而是想着将自己有用的器官捐献给需要的人。

学生回答预设2:袁隆平,他研究的杂交稻被称为是"东方魔稻",不仅在很大程度上解决了中国人的吃饭问题,而且也被认为是解决下个世纪世界性饥饿问题的法宝。他有很多的实验经费,却从来没有用此经费过奢侈的生活,一直潜心于他的研究。

教师:刚才几位同学举的都是名人的例子,这很好。其实作者在开头就说过"作为肉身的人并无高低贵贱之分",平凡人身上也会有"动人的光彩",我们完全可以从身边的普通人身上找到"高贵"的光彩。

学生回答预设:昨天下午上课之前,班上大多数同学都在教室里聊天、嬉闹,但是我看到某某同学专心致志地看书,丝毫没有受到外界环境的影响,我看到了他身上闪亮的光彩。

教师:同学们畅所欲言,介绍了具有"高贵灵魂"的人物事例。作为教师,我也向大家介绍一位不能算是同行的"老师"。莫振高,学生口中的"莫爸爸""校长爸爸",是广西都安高中的原校长。都安是全国贫困县,有着众多因贫困上不起学的孩子。于是,莫振高将"让瑶乡儿女走向世界"作为自己的座右铭,任教三十多年来跑遍每一位贫困生的家,将了解的情况一一记录在册,并用自己微薄的工资资助了近300名学生,圆了他们的大学梦。然而,自己的工资毕竟只是杯水车薪。面对数量众多的贫困学生,这位从未向别人伸手的"莫爸爸"走上了"化缘"之路。他利用休息时间,来到全国各地的机关、企事业单位,做演讲,做动员,只为通过社会力量,帮助更多的瑶乡儿女走出大山。就这样,莫振高一共筹集了3000多万元善款,让1.8万贫困学子圆了大学梦。因积劳成疾,莫振高于2015年3月9日突发心脏病去世。"莫爸爸"的"化缘"之路改变了数以万计贫困孩子的命运,现在他已桃李满天下,九泉之下也可含笑了。

我相信大家和我一样,已经被深深地感动了,他的精神是富有的,他的灵魂是高尚的。与他相比,我很汗颜,在我心中他就是一位灵魂高贵的神,而我只是一位普通的俗人,但是我一定会以他为榜样,在三尺讲台上展现高贵!

课堂总结

我们逐渐明白了什么是"高贵的灵魂",那就是人们身上展现的"真善美",希望今天这堂课,同学们不单把这篇文章当作议论文学习的读本,还要作为净化我们人格操守的读本;不单用脑子去学,还要用心去学,争取做一名灵魂高尚的人!我们阅读议论文,区分材料一定要注意以下方面:明确观点是关键,材料概括更重要,分析议论过渡句,统观材料为中心。

【板书设计】

人的高贵在于灵魂

周国平

明确观点是关键

材料概括更重要

分析议论过渡句

统观材料为中心

【智慧训练】

阅读文段,思考并回答问题。

小议"笨功夫"

陈鲁民

国学大师钱穆说:"古往今来有大成就者,诀窍无他,都是能人肯下笨劲。"胡适也说:"这个世界聪明人太多,肯下笨功夫的人太少,所以成功者只是少数人。"

能人钱穆,博闻强记,聪敏早慧,幼有神童之誉。他却从不以聪明自恃,而是几十年如一日做读书笔记,一丝不苟地查抄资料,每日读书写作10个小时,踏踏实实地钻研学问。学者张自铭评价说:"辛亥以还,时局屡有起伏,先生未尝一日废学辍教。"历史学家孙国栋说:"钱先生研究、讲学、教育、著述兀兀八十年未尝中断,这番毅力精神旷古所无。而学问成就规模之宏大,实朱子以后一人。"

钱穆的小老乡钱锺书,绝顶聪明,少人能比,但做起学问从不偷懒耍滑,舍得下笨劲。进入清华后,他的目标是"横扫清华图书馆"。他每日泡在图书馆里,抄抄记记,梳理勾陈,甘之如饴。最能代表他学术成就的《管锥编》,

引述4000位名家上万种著作中的数万条书证,汪洋恣肆,博大精深。那就是他下了一辈子笨劲的结果。无怪乎钱锺书谈治学心得时说:"越是聪明人,越要懂得下笨功夫。"

相比较而言,这个世界上,对智商要求最高的行业非科学家莫属,而下笨劲最多最扎实的还是科学家。一个科研思路提出后,要验证其是否正确,得一步步去试验,排除各种错误的可能,寻找唯一正确的答案,稍有一点投机取巧的心理就可能会前功尽弃。陈景润要摘取哥德巴赫王冠上的明珠,光靠聪明是不行的,需要长年累月一点一滴地演算推进,几大麻袋演算纸是最好的例证。杨振宁、李政道为了证实宇称不守恒定律理论,曾连续几个星期不出实验室,一遍又一遍地重复那枯燥的实验。最为人津津乐道的是爱迪生发明灯泡的试验,为了选择合适耐用的灯丝,他先后试验了1600多种不同耐热的材料,这种不厌其烦、不怕重复的笨劲,终于使他获得成功,给人类带来了光明。

写小说似乎是很轻松的事,作家坐在书斋里,海阔天空,信马由缰,只要有点儿聪明劲就行了。其实不然,写小说也是需要下笨劲的活,一部长篇小说写成,照样把人累个半死。一个字一个字地写,一遍一遍地修改增删,四处查阅资料,反复深入生活,这都需要笨劲,没有捷径可走。刘震云是作家圈里公认的聪明人,二十多岁就成名了,他在接受采访时说:"在我看来,重复的事情在不停地做,你就是专家;做重复的事特别专注,你就是大家。就这么简单。"作家二月河在回答记者关于"成功的秘诀"时说:"我写小说基本上是个力气活,不信你试试,一天写上十几个小时,一写二十年,怎么着也得弄点东西出来。"

推而广之,不论干什么,要想取得成功,要想出人头地,那就得像钱穆说的那样,能人肯下笨功夫,能人偏下笨功夫,能人善下笨功夫。

问题:第4段中陈景润的事例与第5段中二月河的事例能否互换?为什么?

附　参考答案

答案示例:第4段和第5段分别从科学家和文学家两方面来进行论述,陈景润是科学家,事例应放在第4段,二月河是文学家,应放在第5段,所以不能互换。

（编写　马海英）

发现观点和材料之间的联系，并通过自己的思考作出判断

谈骨气

【内涵释义】 发现材料和观点之间的联系是指阅读一般议论文，能够概括文本中的论据，分析出论据能够支撑论点的最关键内容，并通过阅读分析出作者所列举的论据和所要表达的观点、所持的态度之间的逻辑联系。

【引领读悟】 以《谈骨气》为例，落实本点。

学习准备

熟读《谈骨气》，了解"新课标"中关于议论文"发现材料和观点之间的联系"的能力要求：首先初步感知本文的中心论点，能够概括三个事实论据。然后，准确把握作者的主要观点，借助记叙文概括事件内容的方法提炼事实论据。最后在提炼论据的过程中，要注重研究论据是如何证明论点的。

导入新课

教师：(PPT展示陈毅《青松》"大雪压青松，青松挺且直。要知松高洁，待到雪化时。")同学们，高大的松柏四季常青，陈毅同志以独特的视角向我们展示了雪后松树一身傲骨，不为恶劣环境所屈服的高洁品格。我们中华民族历史上不乏像青松一样一身傲骨的民族精神的代表。今天我们就一起来学习吴晗的《谈骨气》，感受我们的民族精神。

叙述目标

教师："新课标"中对于议论文的学习，明确要求要能够"发现材料和观点之间的联系"。今天我们一起来学习《谈骨气》这篇文章，主要就通过提炼

本文作者的主要观点、态度,来练习概括中心论点;通过阅读文本内容,提炼三个事实论据;通过分析论据和观点之间的内在联系,把握论据证明论点的过程。

阅读渐进引领

第一步,学生阅读文本,整体感知文章内容。

1. 初读文本,感知论点。

教师:请同学们自由朗读文本,确定论点的大致范围。

学生回答预设1:第一节。

学生回答预设2:第一、二节。

学生回答预设3:第一至三节。

学生回答预设4:第一至四节。

2. 再读文本,初定论点。

教师:这是一篇比较规范的议论文,请大家阅读本文,确定本文的中心论点。

学生回答预设1:我们中国人是有骨气的。

学生回答预设2:富贵不能淫,贫贱不能移,威武不能屈,此之谓大丈夫。

学生回答预设3:高官厚禄收买不了,贫穷困苦折磨不了,强暴武力威胁不了,这就是所谓大丈夫。

学生回答预设4:大丈夫的这种种行为,表现出了英雄气概,我们今天就叫做有骨气。

教师点拨提升:同学们的答案不尽相同,议论文中心论点可以通过以下几个方法进行判定:1. 看题目,将"谈骨气"转化为论题是"谈谈关于骨气的问题",能够回答这个论题的句子可以初步判定是本文的中心论点;2. 看位置,中心论点出现的位置一般情况在首段尾句、尾段首句;3. 看词语,表概括总结性词语后,例如"综上所述""总而言之""所以说"……4. 看论据。四种方法前三种只能提示我们这句可能是中心论点,只有第四种方法"看论据"才能作为确定中心论点的唯一标准。

教师:本文的关键词在于"骨气",也就是针对"骨气"作者发表的观点态度。所以,我们仔细分析大家所找到的句子的主要内容。

引领读悟:议论文 文言文 名著 >>>

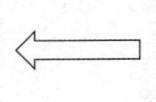

| 如何确定本文的中心论点? | ⟵ | 朗读文本,先找到能够代表作者针对"骨气"这个问题所持的观点态度,再根据位置进行初步判断。 |

学生回答预设1:"富贵不能淫,贫贱不能移,威武不能屈,此之谓大丈夫",是在阐释"大丈夫"含义。

学生回答预设2:"高官厚禄收买不了,贫穷困苦折磨不了,强暴武力威胁不了,这就是所谓大丈夫",也是在阐释大丈夫的含义,只是把文言译成现代汉语了。

学生回答预设3:"大丈夫的这种种行为,表现出了英雄气概,我们今天就叫做有骨气",这个句子很显然是在阐释什么是有骨气。

教师点拨:通过大家的分析比较,再根据中心论点通常出现的位置在首段或者尾段,我们初步判定:本文的中心论点是"我们中国人是有骨气的"。作者在提这个观点时带着一种什么样的感情？我们不妨对比阅读一下,请把这句话改成"我们中国人有骨气",同学们体会一下表达效果有什么不同？

学生回答预设1:很明显,"我们中国人是有骨气的"一句,语气充满肯定。

学生回答预设2:吴晗的这句话像是给所有的中国人注入了新鲜血液,在呼喊、在昭告所有的中国人都是有骨气的。

学生回答预设3:"是"有强调作用,表达了作者作为一名中国人强烈的民族自豪感。

教师:请同学们充满激情地把吴晗要表达的意思读出来。

第二步:问题解决阶段。

1. 三读文本,划分层次。

| 你能为本文划分层次并概括论据吗? | ⟵ | 议论文一般分为引论、本论、结论三部分,即提出观点、论证观点、得出结论。尝试先确定论据,再按照三段论划分层次。 |

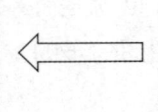

教师:文章由三部分构成,即提出论点——论证论点——得出结论,也就是议论文的引论——本论——结论。请同学们按照自己喜欢的方式三读本文,并根据引论、本论、结论,找出各个部分的起止,概括每个部分的主要内容。

学生回答预设1:

(1)提出论点;(2—4)道理论据;(5—9)具体论证;(10)概括总结。

学生回答预设2:

(1)提出论点;(2—9)具体论证;(10)概括总结。

学生回答预设3:

(1—2)提出论点;(3—9)具体论证;(10)概括总结。

学生回答预设4:

(1—3)提出论点;(4—9)具体论证;(10)概括总结。

教师:听了大家的分析,我发现问题主要集中在2—4段,提出论点后,作者紧承着引用了孟子的三句话,这三句话是什么意思,有什么作用?内容上解释了骨气的含义,既然第二段已经解释了骨气的含义,第3段指出"骨气"是中华民族的优良传统,这三段的内容密不可分。第4段指出不同时代、不同阶段中,"骨气"的具体含义也不同,但是,中国人的骨气都体现了"坚定不移地为当时进步事业服务"这一原则。这两段的内容是对论点十分必要的补充,同时第4段又是对下文的总起。所以第4段应该归为第二部分。

2. 四读文本,概括论据。

教师:现在我们首先来解决本论部分——出现具体论据的地方5—9段。请分别概括三个事实论据。

文中选取了三个事例,是哪三个事例?请用简洁的语言概括出来。	←	朗读文本,根据具体论据内容提炼出人+事。注意概括事件要突出能够体现中心论点的内容"中国人是有骨气的"。

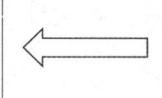

学生回答预设1:文天祥拒不降元;穷苦人不受嗟来之食;闻一多横眉怒对敌人枪口。

学生回答预设2：文天祥宁死不投降；穷苦人宁死不食嗟来之食；闻一多坦然面对死亡的威胁。

学生回答预设3：文天祥不投降；穷苦人不吃嗟来之食；闻一多被杀害。

教师点拨：事实论据的概括要注意人物——谁，事件——侧重于结果，同学们的概括有的忽视了这两个要点，这是概括不准确的问题。可以概括为：文天祥宁死不投降；穷苦人宁死不食嗟来之食；闻一多宁死不屈服。除此以外，在议论文中概括事实论据还要注意能够突出论证中心论点。我们初步判定本文的中心论点是"我们中国人是有骨气的"，那么这三个事实论据是如何论证这一观点的呢？

| 划出能够体现文天祥、穷人、闻一多大义凛然彰显民族气节的关键词语，思考：作者为什么这么写？ | ← | 朗读文本，体会所划词语的表达效果。删除所划词语对比阅读，体会表达效果的异同，分析论据和论点之间的关系。 |

学生回答预设1："坚决抵抗"表现了文天祥为了祖国毫不屈服的精神。

学生回答预设2："受尽折磨"写出了文天祥遭受了严刑拷打，但是也不屈服的顽强精神。

学生回答预设3："只要……便……"这组关联词语写出了元朝对于他的贿赂和收买，但是文天祥"坚决"拒绝了，这样也能体现他的民族气节。

学生回答预设4：刚才大家的回答都直接表现了文天祥有民族气节，保卫祖国，即使被俘也不能背叛自己的祖国。

学生回答预设5："坚决拒绝"体现了文天祥大义凛然的民族气节。举出他的《正气歌》更能证明文天祥有骨气。

第三步：教师指导点拨，分析论点和论据之间的关系。

1. 五读文本，分析联系。

教师：下面请大家一起读文天祥事例，男生读记叙部分，女生读议论部分。划出能够体现文天祥大义凛然的民族气节的关键词语，思考作者为什么这么写？

学生回答预设1：表现了文天祥的事实论据从三个方面体现了孟子的三

句话。

学生回答预设2：我来补充，正是因为文天祥的事实论据从三个方面体现了孟子的话，最能证明中心论点，所以把文天祥的事例放在了第一个。

学生回答预设3：元朝对于他的贿赂和收买，但是文天祥"坚决"拒绝了，证明了"高官厚禄收买不了"。

学生回答预设4：文天祥有民族气节，保卫祖国，即使被俘也不能背叛自己的祖国，证明了"贫穷困苦磨折不了"。

学生回答预设5：即使面临死亡的威胁也不屈服，证明了"强暴武力威胁不了"。

教师：高官厚禄的收买——他拒绝；成为阶下之囚——他不投降；奋勇抵抗侵略、狱中备受折磨——他不屈服。文天祥就是这样一个人，"富贵不能淫，贫贱不能移，威武不能屈"，他都做到了，他就是"大丈夫"，他就是"有骨气"的中国人的代表。其实，不仅文天祥的所作所为，他留下的诗歌也表现了他的民族气概。所以，文天祥的事实论据全方位立体展示了他是一个有骨气的人。

教师：请大家五读文本中文天祥的事实论据部分（5、6两节），读出文天祥的骨气，读出吴晗对他的赞美和崇敬之情。

2. 学以致用，合作探究。

教师：后面的两个事实论据又是如何论证"我们中国人是有骨气的"呢？大家先自由朗读，以前后桌为单位交流研讨。

学生回答预设1：拒绝了"嗟来"的施舍。

学生回答预设2：穷且弥坚，不坠青云之志，这正是孟子所称道的——贫贱不能移。

学生回答预设3："饿得快死了"表现了穷人面临的死亡威胁，但是即使是这种情况他也不食嗟来之食，最能体现"骨气"。

学生回答预设4：这一段是通过名人名言来进行议论的，引用毛主席的话更有说服力。

学生回答预设5："大声疾呼""痛斥""拍案而起"等关键词语体现了闻一多的英雄气概。

学生回答预设6：这一事例是从"威武不能屈"的角度证明论点的。

学生回答预设7：闻一多"毫不在乎""照常工作"写出了他敢于斗争，丝毫不畏惧的英雄气概。

学生回答预设8:"大声疾呼""痛斥"这组词语写出了闻一多无惧生死,即使直面死亡的威胁也要揭穿国民党反动派的无耻嘴脸,体现他的民族气节。

教师:同学们通过捕捉文中的词语、句子分析了三个论据中的主人公是如何体现"有骨气"的,在不断挖掘材料和观点之间的必然联系。

教师:课文第二部分用了三个事例证明论点,这就是议论文中常用的方法——摆事实,也是本文的本论部分。中国人有骨气的事例很多,作者只选取这三个事例能够论证本文的中心论点"我们中国人是有骨气的"吗?

第四步:学生静心独立思考、朗读体会。

中国人有骨气的事例很多,作者只选取这三个事例能够论证本文的中心论点"我们中国人是有骨气的"吗?	⬅	朗读三个事实论据,找出三个论据不同之处,分析三个事实论据的论证角度,再分析论据和论点之间的联系。

六读文本,辨析论据典型性。

教师:请大家还以前后桌为一组先分部分朗读文本,思考问题,再进行交流。合作过程中请记录人做好记录。

学生:参与讨论,发表见解。

教师:巡视并适时指导。

第五步:教师指定学生分别展示自己的答案。

学生回答预设1:文天祥是丞相,穷苦人是平民百姓,闻一多是民主战士,他们三者所处的阶级不同,从封建士大夫到平民百姓再到民主战士。

学生回答预设2:他们三者所处的时代不同,从古到今,时间跨度很大。

学生回答预设3:所以他们很有代表性,能够代表我们民族都是有骨气的。

第六步:小组归纳总结答案。

学生以小组为单位,交流并形成统一的理解。

第七步:指定组代表展示本组归纳的答案。

组内交流,分享所得。

小组代表展示本组总结的答案。

小组一回答预设：

作者从不同的角度选用的三个证据包容了中华民族从古到今各个不同的历史发展阶段；三个人物形象代表了从士大夫阶层的平民百姓,从古代文官武将到现代知识分子各种不同类型的典型；三个论据分别围绕孟子说的三个方面阐述了论点。

小组二回答预设：

他们都是在"生与死"的考验面前做到了"富贵不能淫,贫贱不能移,威武不能屈",表现了"宁为玉碎不为瓦全"的英雄气概,充分证明了"我们中国人是有骨气的"这一中心论点。

第八步：教师或学生评价,确认补充答案,升华——强化做这类题重点的、带规律性的、学习方法的(明确积累内容)和相关注意(提示防止出现的问题)等。

教师：三个事实论据都是在论证"我们中国人是有骨气的"这句话,那么我们最初的判定就是正确的。同学们在阅读议论文时要注意分析材料和观点之间的联系,分析事实论据是如何论证中心论点的,才能准确判定中心论点。

具体的方法就是：先初步判定观点,再分析材料是如何论证观点的,将材料中能够证明观点的部分进行概括提炼,在组织语言的时候要注意观点和材料的一致性。

课堂小结

本节课我们通过判断《谈骨气》的论点,梳理其论点和论据之间的关系,明确了这三个事实论据是如何论证论点"我们中国人是有骨气的"。在这节课上我们学会了议论文论据对于论点的论证作用,希望能够通过方法的总结,感受母语之美,体会议论文语言论证的严密,学会分析材料和观点之间的联系。

【板书设计】

谈骨气
吴晗

孟子的话 { 富贵不能淫（诱惑、放纵）　　文天祥（做大官——坚决拒绝）　　南宋丞相
　　　　　贫贱不能移（移动、改变）　　穷人（行将饿死——拒绝嗟来之食）　春秋平民
　　　　　威武不能屈（使……屈服）　　闻一多（敌人凶残——拍案而起）　　旧中国学者

　↓　　　　　　　　　　　　　↓　　　　　　　　　　↓
阐释骨气的具体涵义　　　　有骨气的中国人　　　不同阶层　不同时代

全方位立体论证：
我们中国人是有骨气的

【智慧训练】

我看"戏说"
毛志成

①如今，似乎进入了"戏说"时代。许多的传记片、历史片、评论文章或某些杂感、小品，在标题前冠之以"戏说"二字已经成为时髦。然而，莫以为"戏说"只是有人随便说说，有人随便听听，产生不了什么效应，我个人认为，"戏说"之风实在堪忧，因为"戏说"对于一个人、一个民族，乃至文学艺术都有极大的危害。

②有些"戏说"足可以使一个人弄到很冤枉的地步而又"永世不得翻身"。例如，据正史《三国志》里的某些文字记载，蒋干是个很不坏的人，有知识、有辩才，且"有仪容"，长得很漂亮，在一代知识分子中很有名。此人的品格也很上乘，绝无"蒋干盗书"那样的丑举。他虽奉了曹操的命去劝降自己的老同学周瑜，但在目睹了周瑜"意坚，无可动"之后，只是笑了笑，什么也没有说就回来了，绝无戏台上那么多丑态、丑言。但此人被《三国演义》给予一番"戏说"之后，也就永久地成了小丑，"永世不得翻身"，而且再无人理会什么正史或什么本来面目了。

③一个民族若只重"戏说"，冷漠"正说"，终归是弊多于利的。譬如，时

时"戏说"历史,就会把严肃的历史浊化成一连串的玩笑,好像中华民族的历史只是由杨贵妃与唐玄宗的恋爱史、武则天的艳史加多妒、乾隆爷的扇子功、西太后的醋意构成的,会觉得满眼都是凶杀、暴力、女人大腿、血淋淋的案子、令人愕然的秘史;另外就是大侠飞来飞去,用武打、枪战来"拯救"我们这个世界。至于"未来"也成了动画片、科幻小说里描述的星际大战、人魔之战、活人与机器人大战。

④这种"世界戏化",在社会意义上属于"反神圣思潮",源于商品经济的精神折光。商品经济用它的两大能量——个人的发财致富、人际的等价交换,日益抹掉了一切非物质财富、非对等交换的神圣崇拜和道义精神,使一切不能用价格来衡量的信仰、信念、精神、品格都统统化为笑料。好像在这个世界上,除了钱这一闪光物之外,一切都是灰色的,都是滑稽的,都可以拿来做"戏说"的对象。

⑤其实,这样一来世界上就再没有生动,包括文学艺术。当美已变成一种技术展示,而不再是美本身的时候,追求美、崇拜美也就不再是一种质朴感情,而只能沦为一种"做戏"式的行为模式。这就是眼下"轰动品"日多、"感动品"日少,甚至有时连"崇拜"本身也成为一种情感游戏的缘故。如此下去,消亡的不仅会是人的严肃的心态、严肃的事业,还会有文学本身、艺术本身。

⑥有人认为"戏说"不会使文学艺术消亡,事实上这种乐观是廉价的。当世界已经戏化,人人都热衷于演戏、戏说,并且有了这方面技术的时候,连戏本身也不会再诱人。因为,世界上有生命力的东西都首先具有严肃品格,遍地是"戏",满耳是"戏说",任何正经事物都会被"戏"掉的。

(文章有删改)

1. 本文的中心论点是什么?
2. 简要分析第②段和第③段的论证过程。
3. 第④段中,作者认为"世界戏化"的根本原因具体指什么?(用横线在原文中画出即可)
4. 结合文章,谈谈你对"戏说"这一现象的看法。(150字以内)

附　参考答案
1. 答案示例
答:"戏说"之风实在堪忧,"戏说"对于一个人、一个民族,乃至文学艺术都有极大的危害。

2. 答案示例

这部分,从点到面首先提出:"有些'戏说'是足可以把一个人弄到很冤枉的地步而又'永世不得翻身'",并举"蒋干被丑化"的例子来论证。然后提出"一个民族若只重'戏说',冷漠'正说',终归是弊多于利的。"接着举了浊化历史、戏说未来等例子来论证。

3. 答案示例

"商品经济用它的两大能量——个人发财致富、人际的等价变换……统统化为笑料。"

4. 答案示例

"戏说"不会使文学艺术消亡,事实上这种乐观是廉价的。当世界已经戏化,人人都热衷于演戏、戏说,并且有了这方面技术的时候,连戏本身也不会再诱人。因为,世界上有生命力的东西都首先具有严肃品格,遍地是"戏",满耳是"戏说",任何正经事物都会被"戏"掉的。

(编写　王丽丽)

用心工作

【内涵释义】

议论文的观点,即议论文的论点,是作者对文中所论述问题所持的见解或主张,是议论文的灵魂。议论文中的材料则是指为论点服务的相关文字内容。议论文中的论据用于证明论点,其他材料或引出论点,或是对论点进行进一步的总结归纳等。要辨析其中的关联,需要经过自己的思考进行判断。

【引领读悟】

以《用心工作》一文为例,落实本点。

学习准备

了解议论文的一般知识:能区分出文章的论点、论据及相关论证方法,具备一定的概括能力。

导入新课

议论文是一种表述非常严谨的文章,逻辑思维十分严密,因此阅读这类文章仅仅判断出文中的论点和论据是不够的,更需要大家通过自己的思考发现文中观点与材料之间的关联。今天,我们将重点研究这个话题。

叙述目标

通过浏览的方式阅读文章,准确地判断出文中的论点;能运用简洁的语言概括课文中论据;能辨析出观点与材料之间的关系。

阅读渐进引领

第一步:初读感知,明确积累。

议论文的论说讲求严谨、有力、发人深思。请你找出类似的语句和大家交流。	←	我们可以找表明观点的语句,可以找具有内涵的语句,或是具有说理性的语句等。

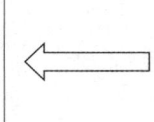

教师:可以采用大声朗读或是默读的方式初读课文,同时圈画出你认为说理严谨,发人深思的语句进行交流。交流过程中要简要阐述一下理由。

学生交流预设。

学生回答预设1:课文第一段的第一句话"做任何工作,只要你用心去做,一定能把它做好。"这句话简洁明了,我觉得它是在鲜明地表达作者的一个看法。

学生回答预设2:课文第四段的第一句话"用心去工作,看似简单,其实不简单。"这句话,我觉得很有深意。

学生回答预设3:"工作无论大小,都要用心把握、用心体会、用心去做,力求每项工作都做得很到位、很精彩。"我觉得这句话说得特别有道理。

教师:大家刚才交流的语句或观点鲜明,或具有深意,或充满道理,每个人都有自己独特的感悟,老师很为大家高兴。老师想说:"这就是议论文的特点,语言简洁明了,具有说服力。"接下来就让我们更加深入地走进这篇文章,看看作者是如何说理论事的。

第二步:进入问题解决。

> 刚才我们一起感知了本文的语言特点,再让我们看看大家在初读课文时遇到了哪些疑问?

> 就议论文而言,进行提问,应该关注议论文特点。
> 可以从文章论点提问;从文章的重点语句进行提问;从文章中的关键词语进行提问;从段落之间的关系进行提问;从文章使用的论据、论证方法进行提问。

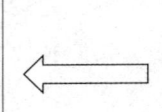

教师:在大家提问之前,老师想先重点强调一下,《用心工作》这篇文章是议论文,在提问环节上有和其他文体提问的相似之处,但更有自己的文体特点,大家要关注这点。

学生默读课文,提出自己的疑问,然后进行交流。

学生提问交流。

学生回答预设1:刚才我们在交流喜欢的词句时,有位同学说他喜欢的句子是观点句,我想知道,那个句子是不是本文的观点。

学生回答预设2:我想知道这篇课文都用了哪些论据。

学生回答预设3:我想知道这篇课文是怎样论证中心论点的。

教师:同学们提出的问题很有代表性,囊括了议论文的三大要素——论点、论据、论证。其中我们同学提到的第三个问题,恰恰也是这节课我们要重点研究的问题,希望我们学完之后,能够做到举一反三。

第三步:教师指导点拨。

教师:我们这节课主要研究的问题是发现材料和观点之间的联系,但要想突破这点,我们还是先要判断出文章的论点,概括出文章使用的论据,辨析出文章使用的论证方法。最后我们才能发现材料和观点之间的联系。

下面就先让我们找出文中的观点,概括出文章使用的论据。

第四步:学生独立思考,准备答案。

学生再次默读课文,运用浏览的方式,以圈点批注的方法,先找出本文的中心论点,概括出本文的论据。学生独立完成。

第五步:学生个体展示,交流答案。

教师:大家再次默读了课文,对同学们提出的有关论点和论据的问题进行了思考,下面我们就来交流大家思考的第一个基础问题——本文的论点是什么。

| "任何工作只要用心去做,就一定能做好"是本文的中心论点吗?为什么?从哪里可以找出依据? | ← | 判断论点的方法:
关注文章中论述的话题,即论题。
关注相关的位置:开头、中间和结尾。
关注文中的论据。 |

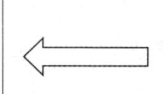

学生回答预设1:我认为,这句话就是本文的论点。因为文章的开头段中就有这样的明确表述。

学生回答预设2:我也赞同刚才同学的回答,不仅是因为文章开头段中有这样的提示,文中魏小娥用心工作的事例也表明只要用心工作就可以做好。

学生回答预设3:我再补充一点,我们的课文题目是《用心工作》,这是这篇课文的论题,文中对用心工作得出的结论就是能做好。

教师:以上同学的回答都很精彩,大家分别抓住了文章的论述话题,文章的开头部分,文中的事例,由此说明,我们对于阅读议论文,确定议论文的论点已经具备了一定的能力,掌握了相应的方法。而且大家在回答问题时,条理清晰,有理有据,语言组织得也非常不错。我们的第一个问题处理得非常顺利,接下来,让我们进入第二个基础问题——这篇课文的论据有哪些。

| 课文的论据有哪些?你能用简洁的语言概括出来吗? | ← | 论据的分类:
事实论据和道理论据。
事实论据的概括可以延续记叙文事件的概括方法:谁+做了什么 |

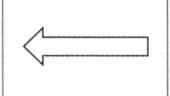

学生回答预设1:文中主要运用了事实论据,就是魏小娥用心工作,将工作做得很出色的事例。

学生回答预设2:我认为,文中的论据有两类,既有事实论据,又有道理论据。

学生回答预设3:我同意第二个同学的回答,就是课文既用了事实论据,又用了道理论据。不过我要再补充一下。课文第二段是在说理,先指出不用心工作就会出现问题,再指出用心工作,工作就能做好,运用道理进行分析。本文的事实论据就是魏小娥用心工作,把工作做得很好。

教师:在同学们的回答中,我能感受到大家都经过了认真思考,不过老师要提出两点建议。同学们在回答问题的时候,一定要认真审清问题,就拿咱们的问题说吧,其中的"哪些"论据中的"哪些"明确指出的就是论据的种类不是一种。回答问题一定要全面。

教师:我发现我们研究的两个问题只是在围绕课文前四个段落进行研读,那第五段又写了些什么呢?

| 你能用简洁的语言概括课文第五段的内容吗? | ← | 概括本段内容我们要逐句辨析句子之间的关系,找出主要内容,删除次要内容,使用重组法进行概括。 |

学生回答预设1:第五段主要写了对工作要有正确的看法和认识,对工作要关心、热心和诚心。

学生回答预设2:第五段主要写对工作要关心、热心和诚心,还要坚持高标准,严要求,要用心多一点,多用心一点。

学生回答预设3:第五段主要在写怎样用心去做,才能把工作做好。

教师:在议论文中概括非事实论据的文字时是有一定难度的,我们要关注句子之间的关系,要关注文字中的关键词,比如这篇文章中第五段的第一句话中就出现了"首先"一词,关注到这个词,你就会知道文中在谈论用心工作要做到几个方面,我们就不能只用第一句话概括全段,它并不是中心句。第二个同学的回答应该是比较全面了,不过我们还要试着进行归纳整合,这三个内容都指向了用心工作,把工作做好的方法。故此,我认为第三个同学的概括既全面又简洁。

教师:到此为止,我们对文章的内容基本上已经全面了解了,下面我们就来完成本节课的主要研究话题——文中的材料与观点之间存在着怎样的联系。

> 阅读简单的议论文

| 课文2—5段的内容与第一段的观点之间存在着怎样的联系？辨析之后，请梳理出本文的论证过程。 | ← | 要解决这个问题要了解以下知识：
议论文开头部分的材料多有点明论点或引出论点的作用；
论据是用来证明论点的；
结尾要是结论则是总结、重申，或提出建议；
梳理论证过程要关注表述顺序的先后的词。 |

第六步：小组补充、完善答案。

学生自己将整理好的内容进行小组交流，小组根据个人回答情况进行补充、完善。最后由组代表整理，达成本小组的统一认识，再进行班内交流。

教师：大家经过了热烈的讨论，形成了各组的认识，老师在巡视过程中也听到了各小组的讨论结果，下面我们就来交流一下各组对这个问题的理解，最终完成本节课的主要研究问题。

第七步：小组组代表展示交流答案。

小组回答预设1：我们组认为课文的2—4段中的道理论据和事实论据与论点的关系就是为了证明论点。最后的第五段是个结论，对论点进行总结。

我们整理的论证过程是：课文首先直接提出观点，然后运用道理论据和事实论据进行证明，最后得出怎样用心去做，才能把工作做好的结论，进行总结。

小组回答预设2：我们组不同意前一个小组对第五段的分析，我们认为第五段不是结论，而是在论点的基础上进行补充论证。

我们整理的论证过程是：课文首先直接提出论点：任何工作只要用心做，就能做好，然后分别从用心工作和不用心工作进行证明，接着又举出魏小娥的事例加以证明，最后指出怎样用心工作，才能做好工作，对论点进一步补充论说。

小组回答预设3：我们同意二组前面的分析，但我们想对二组的论证过程再进行一下补充。

本文首先提出论点:做任何工作,只要你用心去做,一定能把它做好;接着从工作不用心和用心两个方面进行正反论证,阐明不用心工作,工作肯定做不好,甚至会出问题,而用心工作,工作就能做好的道理,两者形成对比;然后通过魏小娥的例子进一步论证这一观点;最后指出怎样用心去工作,才能把工作做好,对论点进行补充论证。

教师:几个小组的回答各有千秋,首先值得肯定的是大家通过自己的思考,都能分析出材料与观点之间的一些关联。其次,我们在组织论证过程时,语言的表述都注重了条理上的先后次序,这些都非常值得表扬。比较几个小组的回答,我们还应该看到,梳理论证过程时首先要理清提出怎样的观点,然后概述运用什么论据证明怎样的论点,不能只说是道理论据还是事实论据,应该把内容进行概述,如果里面有论证方法,也一定要表述出来,这样我们才能更清楚地弄懂材料与观点之间的关系。

第八步:教师或学生评价、确认答案。

教师:刚才第三个组的回答既全面又条理清晰,其中的相互关系辨析得也比较准确,这些值得我们大家学习。当然,材料与观点之间的联系绝不只是文中表现出来的这两种,在其他文中还会出现其他关系,现在我们就进行一下总结。

课堂总结

教师:我们借助《用心工作》一文,重点研究了"发现观点与材料之间联系"的问题,下面我们将对观点与材料之间存在着的关系做出总结。

在议论文中,材料与观点之间的联系一般包括以下几种情况。

第一种:证明观点。

第二种:补充对观点的全面解说。

第三种:引出观点。

第四种:总结重申观点。

第五点:以观点为基础,提出进一步的建议。

教师:另外理清材料与观点之间的关联,就能更好地帮我们弄懂文章的论证过程。同学们在梳理的过程中还要注意运用表明先后次序的词语。

【板书设计】

发现观点与材料的联系

开头段的材料　　　　引出　　　论点
　　　　　　　　点明
中间部分材料(论据)　　　证明　　　论点

结尾部分材料　　总结、重申、建议、强调……　　论点

【智慧训练】

阅读下面的文段,完成以下练习。

说境界

①影片《公仆》,真实地反映了县委书记谷文昌"认认真真访民情,诚诚恳恳听民意,实实在在帮民富,兢兢业业保民安"的感人事迹,影片诠释一个简单的道理:当代共产党人应该具有崇高的精神境界。

②境界,是一个人在精神方面的高度,反映着一个人生命的品质和价值。每个人都有自己的境界,或高或低,因人而异。

③对共产党人来说衡量境界高低的主要因素是利他性,是为公众着想之心。公心是境界的支柱,公心多少决定境界高低。私心太重必然心胸狭窄、锱铢必较;即便地位很高,而境界很低;虽然权力很大,但胸怀很小。对他人的成功,眼红心妒;对自己的挫折,怨天尤人。在利益面前,手伸得像讨饭棍;在荣誉面前,眼瞪得像鼓环。像谷文昌那样的党员,心中装着一个"公"字,襟怀坦荡、光明磊落,甘当公仆、任劳任怨,坚忍不拔、百折不挠,他们在不断提升精神境界中,领略着人生的风光。

④境界决定着人的观念和作为:在有的人看来,官职的魅力在于权势的风光、地位的显赫和借以谋私的便利;而在谷文昌这样的人民公仆看来,官职的意义在于有了一个报效祖国、奉献人民、服务社会的更大平台。有的人为上升而工作;有的人为工作而上升。前者想着做大官,后者追求干大事。

⑤人处在各种社会关系当中,离不开别人的帮助,不能只为自己不顾他人。其实,那些推崇极端个人主义的人,每一次自私的举动,都意味着小利好、大利空,表面上利好、实质上利空。他们会因其私心过重而疏离种种社

会关系,使自己的人生道路越走越窄。放不开心胸而堕入迷雾中,会错失本应属于自己的精彩,最终沦于狭隘和平庸,这是最不明智的。

⑥谷文昌执政为民、造福一方,干出一番利国利民的事业,不但是对祖国和人民的贡献,同时也会因部属的拥戴、人民的赞颂而在更高的意义上、更广的范围里实现自我价值。利他者利己,助人者自助,为社会奉献不但是公众利益的最大化,同时也是自我价值的最大化。

⑦高尚的精神境界不是自然而然产生的,而是在实践锤炼过程中养成的。一个人追求真理、向往进步,并把这种追求和向往化为行动,精神境界就能够不断得到提升。不能要求所有人都具有至高的境界,但只要坚持不懈地努力,总会使自己的境界不断得到提升。有意义的人生,就是不断追求高境界的人生。

⑧公心如海,博爱无垠。我们的党员干部特别是领导干部,应该发挥自己的智慧和力量,夙兴夜寐、殚精竭虑地干出一番为民族谋尊严、为祖国谋发展、为人民谋利益、为社会谋正义的事业。这是当代共产党人应有的精神境界,也是共产党人的追求。

(选自2007年9月20日《人民日报》)

1. 本文作者要表达的观点是什么?
2. 阅读文章后,概括本文的论述过程。
3. 文章在论述过程中四次提到谷文昌,各有怎样的作用?

附　参考答案

1. 当代共产党人应该具有崇高的精神境界。

2. 论述过程:本文首先引用《公仆》中谷文昌的话,引出当代共产党员应该具有崇高的精神境界,然后对境界进行解释,接着解释共产党员的境界,再进一步阐述境界的作用,最后论述境界的养成。

3. 示例:文章开篇提到谷文昌,是用来引出作者的观点;

第二次提到是作为一类人的代表强调共产党人的利他性和公众心;

第三次提到是用来证明共产党的执政观念和作为;

第四次提到是想强调共产党人也要实现自我价值。

(编写　强海朋)

确定文章的论点

谈骨气

【内涵释义】清代姚鼐说过:"诗文美者,命意必善。""意"是文章的灵魂,"命意"对议论文来说,就是确立中心论点。中心论点是作者对所论述问题的见解和主张,是议论文的统帅和灵魂。在确立中心论点时要注意:第一,论点要正确。论点要正确地反映客观事物,并揭示其规律。第二,论点要鲜明。支持什么,反对什么一定要明确,不能含糊其词。论点经常出现的位置是文章的开头、结尾、标题,一部分文章需要概括中心论点。

【引领读悟】以《谈骨气》为例落实本点。

学习准备

复习议论文的相关知识。

梳理文章思路的方法:1. 读语段,标注段落序号。2. 浏览每段内容,相同内容合并,不同内容保留。3. 再读文章,概括每个部分的内容,思考所用论证方法,思考材料与中心论点的关系。4. 辨析出材料与文章中心论点的关系,如事实论据还是道理论据,与作者观点之间的逻辑关系,如"证明关系""递进关系"等。表述时可以使用表明先后顺序的词语,如"首先""接着""然后""最后"连接。

导入新课

教师:同学们,今天我们一起学习吴晗的《谈骨气》,请同学们大声朗读课文,想想这篇文章的内容与我们学过的哪首诗在表达情感方面很相似。

学生回答预设:我认为它与文天祥的《过零丁洋》表述的情感相似,他们的文章都与"骨气"有关。

教师:确实如此,我与你们的感受一样,当我读这篇文章的时候,在头脑中浮现的就是文天祥的《过零丁洋》的画面。这两篇作品都与"骨气"有关,那么这篇文章是如何谈骨气的?作者在文中摆明了什么观点?这节课我们一起学习吴晗的《谈骨气》,请看本节课的学习目标。

叙述目标

教师:这节课我们的学习目标是:首先,通过朗读文本,了解本文的主要内容;接着再仔细朗读文章,梳理清楚文章的论证思路;然后,通过研讨确定本文作者所持的观点;最后,能够根据作者的观点补充一个合适的论据。

阅读渐进引领

第一步:学生读文本,整体感知文章,明确积累内容。

教师:请同学们先默读一遍文章,标注段落序号。思考下列问题:

请大家大声朗读课文,想想这篇议论文是围绕着什么话题展开?	⬅	议论的话题指的是作者要讨论的内容。通读全文,想想全文主要围绕着什么话题展开。

学生回答预设1:这篇文章主要围绕着"谈骨气"展开的。

学生回答预设2:这篇文章谈论的话题是"骨气"的问题。

教师:非常好,这两位同学的回答相差一个字,一个是"谈骨气",一个是"骨气",通过通读文章内容,你们认为哪种回答更准确?

学生回答预设1:我觉得"谈骨气"是谈论的话题,因为整篇文章都在谈论骨气的问题,而不是只在说骨气。所以"谈骨气"更贴切一些。

学生回答预设2:我也觉得"谈骨气"更合适,因为整篇文章从头到尾都在谈论"骨气"的问题。

教师:如果我们想了解如何把"谈骨气"问题说清楚的,需要给文章划分结构层次。

>>> 阅读简单的议论文

| 请大家快速读文章，想想这篇文章可以分为几部分？ | ← | 同学们可以先快速浏览一遍文章，然后概括每一段的主要内容，把简单的概括写在段落的旁边，接着内容相同的合并在一起，不同内容保留。 |

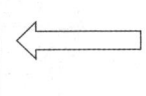

学生回答预设1：分三部分。第一部分是第1自然段到第4自然段，第二部分是第5自然段到第9自然段，第三部分是第10自然段。第一部分主要讲的中国人是有骨气的，第二部分主要列举了我们中国人有骨气的例子。最后一部分是总结。

学生回答预设2：第一部分就是第1自然段，主要揭示了中心论点，应该单独成为一个结构段，第二部分(2—9)自然段讲了什么是骨气，摆出了孟子的话，然后列举了三个例子分别阐述中国人是有骨气的。第三部分主要是总结全文，照应孟子的话。

学生回答预设3：第一部分是第1自然段，主要摆出了中心论点。第二部分(2—9)自然段，先摆出孟子的话作为道理论据，接着阐述了我国每个时代都有这样有骨气的人，为下文的列举事例做了铺垫。然后列举了不同时期不同阶层的中国人有骨气的例子。第三部分做了总结并照应了孟子的话。

教师：同学们如果大家认真听的话，第二位和第三位同学提出了一个新的词语是什么？

学生回答预设：是"中心论点"。

教师：没错，大家知道什么是"中心论点"吗？

学生回答预设：中心论点是作者对谈论的问题所持的观点和看法。

教师：对，中心论点是作者对所谈论的问题持的观点和看法，请这位同学再明确一下，你认为这篇文章的中心论点是什么？

学生回答预设：我认为是"我们中国人是有骨气的"。

教师：这位同学回答得很对，我要强调的是中心论点一定是明确的，用一个判断句式来阐述，这样更明确。为了判断这位同学说得是否正确，需要我们来检验。他认为"我们中国人是有骨气的"是中心论点。先放一放，暂且不判断。我们先来说说你认为刚才这两位同学梳理的思路哪个更合理一些？

学生回答预设1:我同意第一位同学的分法,因为他把开头到举例子之前都分到了一起,三个例子为一部分,最后一个自然段为一部分。这样分条理清楚。

学生回答预设2:我同意第二位同学的分法,他把中心论点单独分出来,首先,用孟子的话来解释"骨气"的内涵;接着,用三个例子分别阐述中国人是有骨气的;最后做总结。

学生回答预设3:我同意第三位同学的分法,他把第二部分的内容概括和分析得更清楚到位。

教师:大家听听老师的意见吗?

学生回答预设:可以。

教师:我觉得这两种分法都言之有理,划分层次是为了更清楚明白地理解文章内容,只要能够言之有理,自圆其说就可以。还有同学要发言吗?

学生回答预设:我觉得题目是"谈骨气",第一段写了中国人是有骨气的,揭示了中心论点,第二部分接着列举了三个具体的例子来进一步说明我们中国人确实是有骨气的,最后一部分总结全文。结构层次清晰,我更同意他的意见。

教师:同学们有自己的主见和判断,为了更好地理解作者思路,你觉得怎样清楚就怎样分。我个人也倾向你的看法,这样清晰清楚。

第二步:进入问题解决。

教师:题目是"谈骨气",大家针对这个题目或者文章内容有什么疑问吗?

学生在小组内交流自己的困惑,以组为单位将问题分类整理,之后各组汇报问题分类情况。

学生提出问题分类预设:

第一类:作者是如何谈论骨气的?

第二类:孟子的话有什么作用?

第三类:三个例子与孟子的话有什么关系?

第四类:举的三个例子有什么作用?能否调换顺序?

教师:同学们经过认真思考,提出了这么多有价值的问题,总结下来,大概分成四类。这些问题的核心指向了"材料与观点的关系"。那么,我们就主问题"材料与观点有什么关系"来展开探讨。

第三步:教师指导点拨。

教师:针对这个问题,我们先思考材料都举了哪些?这些材料与观点之间有什么关系?

> 请大家快速默读文章的第二部分,看看分别举了什么例子?这些例子与中心论点之间有什么关系?

> 指导学生默读第二部分五个自然段,用一句话概括每个事件"什么人+干了什么事+结果怎样",通过事例的叙述写出了什么,写在书旁边空白处。

学生独立思考,想好后在小组内交流,分别汇报三个事例的主要内容。

学生回答预设1:第一个材料举了文天祥被俘后没有投降,而是选择英勇就义的事例。这个事例写出了文天祥拒绝高官厚禄,最后被杀的故事,表现了文天祥是有骨气的。

学生回答预设2:第二个材料列举了古代穷人的故事,他饿得快要死了,也不食嗟来之食,写出了穷人面对饿死的困境也不失去尊严,写出了古代穷人有骨气。

学生回答预设3:第三个材料列举了民主战士闻一多面对敌人的手枪,宁可倒下,也不屈服的英雄气概。写出了像闻一多这样的民主战士有骨气。

教师:同学们说的都对,但是概括得不是很简练,大家概括的时候用"什么人+干了什么事+结果怎样"的格式来概括,会非常简练。请同学们再组织语言,简单概括。

学生回答预设1:第一个材料举了文天祥面对高官厚禄不投降,最后被杀。

学生回答预设2:第二个材料举了古代穷人宁可饿死也不食嗟来之食。

学生回答预设3:第三个材料举了民主战士闻一多面对敌人的手枪宁可倒下也不屈服。

教师:这样概括简练多了。你用什么方法概括的?这三个事例都写出了什么?

学生回答预设:用的是"什么人+干了什么事+结果怎样"的格式来概括的。三个事例都写出了中国人有骨气。

教师:也就是说三个事例证明了中心论点。我们可以概括为:中心论点统领材料,材料反过来证明中心论点。这样的论证过程是严密的,严谨的。请同学们旁批:中心论点统领材料,材料证明中心论点。

第四步:学生独立思考主问题。

教师:三个事例的主要意思说清楚了,也明白了材料与中心论点的关系,那么下面我们接着探讨同学们提出的问题。请大家朗读一遍孟子的话,思考下面的问题。

| 这三个事例与孟子的话有什么关系?三个事例的顺序能否颠倒呢?请你说明理由。 | ← | 快速默读孟子的话,想想孟子的话有几层意思,勾连三个材料的意思;想想孟子的话与三个材料有什么逻辑关系。 |

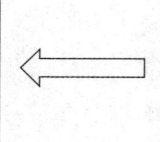

学生独立思考,将自己的想法写在书的旁边。

第五步:教师指定学生个体展示答案。

学生回答预设1:首先弄清楚孟子的话有几层意思,第一层:富贵不能淫,高官厚禄收买不了。第二层:贫贱不能移,贫穷困苦折磨不了。第三层:威武不能屈,强暴武力威胁不了。

学生回答预设2:这三层意思与下面举的例子是一一照应的。文天祥的例子证明了富贵不能淫,古代穷人的例子照应的是贫贱不能移,闻一多的例子照应的是威武不能屈。

教师:同学们分析得非常清楚,请你用简练的语言进行旁批:照应。

学生回答预设3:可见三个材料的顺序是不能调换的,也是这个原因。

学生回答预设4:这三个事例的安排是按照官员、平民、民主战士三个阶层举的例子,涵盖了中国人的范围。也就是充分证明了中国人是有骨气的。

学生回答预设5:先写出孟子的话,是道理论据。然后举出三个事例,是事实论据,分别照应孟子的三个意思,顺序上不能调换。

教师:先摆出中心论点,然后用孟子的话作为道理论据,接着举出三个事例分别论证孟子的话,最后进行总结。这个过程就是在谈论骨气的过程。

现在我们明确了本课的中心论点是"中国人是有骨气的",围绕这个中心论点作者举了三个事例,充分证明观点。你还知道论据和论点有什么关系?

学生回答预设1:论点是统领论据的。

学生回答预设2:论据是支撑论点的。

学生回答预设3:论据是受论点支配的。

学生回答预设4:论据是充分证明观点的。

教师总结:大家说得非常好,理解得也很到位了,总的来说,论点是统领论据的,反过来论据又充分地证明观点,支撑观点。

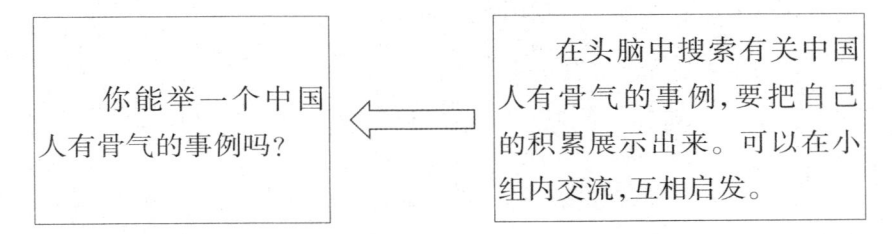

你能举一个中国人有骨气的事例吗?	←	在头脑中搜索有关中国人有骨气的事例,要把自己的积累展示出来。可以在小组内交流,互相启发。

学生相互交流,互相启发。

学生回答预设1:梅兰芳蓄须明志。卢沟桥事变中日军轰炸占领上海,使抗日战争全面爆发,梅兰芳极度气愤,拒绝了日本侵略者要其演戏的要求,离开上海移居香港。日军轰炸香港时,梅兰芳蓄须明志,拒绝日本人的要求,表现出中国人大无畏的民族气节。

学生回答预设2:伯夷、叔齐都是殷代孤竹国国君之子,国君死后,兄弟二人互相推让,谁也不肯继承王位,最后双双弃国而逃,后来姜子牙告诉他们商亡周立,伯夷、叔齐当时掩面大哭,遂进入首阳山隐居,决心不食周粟,以野菜为粮,后来有一个妇人对他们说:"子义不食周粟,此亦周之草木也。"兄弟二人听后什么也不吃了,后来活活饿死在首阳山上。

学生回答预设3:陶渊明清贫如洗,却不为五斗米折腰。

学生回答预设4:朱自清一身重病,宁可饿死,不领美国的"救济粮"。

学生回答预设5:江姐被叛徒出卖,不幸被捕,在渣滓洞宁肯坐老虎凳,遭电刑,甚至十指遭竹签子扎都不说出共产党的秘密。可见中国人是有骨气的。

教师:刚才这么多同学纷纷踊跃发言,看来大家积累的材料还真丰富,其中学生1、学生2和学生5回答比较好,他们列举的事例具体,论证充分。

最后还有一句议论性的语句,把所举的论据与观点有机结合起来,这点非常值得肯定。请大家在笔记本上写出一个充分的论据,最好在后面有一句议论性的语言作为总结。

学生动笔在笔记本上写一个充分的论据。

教师巡视。

在小组内交流。

第六步:小组讨论归纳答案。

学生以小组为单位交流,形成口头或笔头答案。

第七步:指定组代表展示本组归纳的答案。

教师:本文的中心论点已经总结出来了,通过分析比较,我们认定中心论点是"我们中国人是有骨气的"。那么以此为例,你判断中心论点的方法是什么?

学生回答预设1:归纳中心论点要先梳理文章的思路,看看作者所要表达的观点是什么。

学生回答预设2:我觉得可以根据文章所论的论题来判断,本文的论题是"谈骨气",作者所持的态度和看法就是"我们中国人是有骨气的"。

学生回答预设3:我觉得判断中心论点的方法,是看文章的论据的指向,道理论据和三个事实论据都是围绕中心论点展开,也就是"中国人是有骨气的"。

学生回答预设4:确定中心论点可以根据所在位置定,如本文的中心论点在开头,有的在结尾,有的是在标题。偶尔会在文章的中间位置。所以根据所在位置判断也是可以的。

第八步:教师强调确定中心论点的方法。

教师:还有一种找中心论点的方法是找提示语。提示语一般是"总之""因此""总而言之""由此可见"等。关注提示语也可以很快找到中心论点。下面我们总结一下确定中心论点的方法:1. 梳理文章思路;2. 根据论题确定;3. 根据所给论据确定;4. 根据所在位置确定;5. 根据提示语确定。

课堂总结

这节课我们主要学习了如何确定文章的中心论点,方法通常有五种,不管用哪种方法确定中心论点,最基本的也要弄明白文章的内容,通过道理论据和事实论据提炼作者所持的观点和看法,唯有这样才能准确把握文章的中心论点。

【板书设计】

确定文章的论点

关注　思路
　　　论题
　　　论据
　　　位置
　　　提示语
可单独　可结合

【智慧训练】

阅读短文,完成下列各题。

奋斗成就梦想

①人间五月天,处处好风景。

②但相比让人游目骋怀、放松身心的自然之美,在我们身边,还有一种让人更温暖、更动人、更砥砺人心的人文之美。他们是凌晨即起在街道上打扫忙碌的环卫工人,是顶风冒雨也要按时送达包裹的"快递小哥",是病房里不顾脏累悉心照顾病患的护工,是野外几十米的高空中正在检修线路的电工,是实验室里一遍遍比对试验数据的科技研发者,是奔波在生命一线的消防战士、守护道路安全的人民交警……奋斗者最美丽,劳动者最光荣,这些奋斗者的姿态就是最美的风景,这些以辛勤劳动传递生命热量、以恪尽职守践行使命责任的劳动者就是最美的人。

③作为个人,我们都有着人生出彩的梦想,都有让自己的小家庭美满幸福的愿望。但是"樱桃好吃树难栽,不下苦功花不开",只有肯挥洒汗水,辛勤灌溉,埋头打拼,执着追梦,梦想才能成真,日子才有奔头。

④作为国家,我们正处于追求民族复兴的伟大征程中,正在为实现人民对美好生活的向往而奋斗。中国梦是每一个人的梦,新时代是奋斗者的时代。"世界上没有坐享其成的好事,要幸福就要奋斗。"我们每一个人都要做书写梦想的执笔人,每一个人都要做通往梦想的筑路者。

⑤我们相信,无论小家大家,一切梦想的实现都来自于筚路蓝缕的创业,来自于胼手砥足的拼搏,来自于锲而不舍的努力,就像那首《时代号子》中所唱"汗也不白流,累也不白受,实干才能出成就,谁也别吹牛"。

⑥我们相信,一个人的劳动,成就一个家庭的"小目标";无数人的奋斗,是一个国家从"站起来"到"富起来"再到"强起来"的"大逻辑"。只有奋斗,才能让每一个人在追梦历程中绽放人生芳华;只有奋斗,民族复兴的伟大梦想才能聚力功成。

⑦由此可见,奋斗成就梦想。人类因劳动而美丽,世界因劳动而精彩。今天的中国正站在新的历史起点上,无数劳动者正向着梦想前进,为着梦想而努力,汇聚着创造历史的庞大力量。奋斗是新时代劳动者最美的姿态。在新时代的中国故事里,每一位劳动者都是主角。我们坚信,在广大劳动者的共同努力下,未来的中国会更加精彩,实现中华民族复兴的伟大梦想一定会实现。

(2019年朝阳区二模)

1. 这篇文章的中心论点是什么?(2分)
2. 判断下列说法,不正确的一项是(2分)

【甲】第②段列举普通劳动者的例子,从正反两方面论证了本段的观点:在我们身边有一种让人更温暖、更动人、更砥砺人心的人文之美。

【乙】第③段论述的重点是每个人都有自己的梦想。只有奋斗,才能让每个人在追梦历程中绽放人生芳华。

【丙】第④段首先说我们的国家正在为美好生活而奋斗,继而引用名言告诫人们要奋斗,最后号召每一个人都要做中国梦的筑路者。

附 参考答案

1. 答案:奋斗成就梦想。
2. 答案:甲

(编写 程亚利)

阅读效率

阅读一般现代文,每分钟不少于 500 字。能运用略读和浏览的方法,捕捉有用信息,增加阅读量

从百草园到三味书屋

【内涵释义】

所谓略读,就是大略地阅读,其特征是翻开读物首先要看看序言、目录,或开头、结尾,然后从头至尾逐字逐句地读下去,力求迅速准确地从全局上把握读物的脉络和主旨,明确重要内容。所谓浏览,指以默读的方式对读物大致看一遍。不要求准确地掌握读物的具体内容,只需了解读物的性质、涉及的范围和大致内容就行了。评价略读能力,重在考察能否把握阅读材料的大意;评价浏览能力,重在考察能否从阅读材料中捕捉重要信息。

【引领读悟】

以鲁迅的《从百草园到三味书屋》为例落实本点。

学习准备

学生准备:初一的学生具有查阅工具书、资料的能力,能够独立积累生字词和作者情况。初一学生在阅读记叙文上,已具备初步的筛选信息和质疑的能力,有一定的浏览速度,阅读后,基本可以形成自己的认知感悟。因此,要求学生课前解决生字词,积累重点词语,了解作者生平情况及写作背景。同时,自学有关偏正短语的相关知识——短语是由词和词构成的、介于

词和句子之间的语言单位,偏正短语由有修饰关系的两部分组成,一般修饰部分在前,被修饰部分在后,如:盛开的樱花、开心地笑,"盛开"修饰"樱花","开心"修饰"笑"。

教师准备:对文章的重点词语做出整理,有针对性地帮助学生积累;对作者情况及写作背景做出整理,便于课上适时适度补充;准备学生课上解决问题时需要用到的方法,结合学生质疑适时适度补充、训练学生思维,帮助学生形成答题思路,积累阅读一般现代文的方法。

导入新课

教师:童年像一支动听的歌,又似一幅美丽的画,每个人都有属于自己的童年乐园。鲁迅先生也曾在他四十五岁时,回忆起他的童年往事,今天就让我们随先生一起"从百草园到三味书屋",了解一下鲁迅先生的童年。

叙述目标

教师:请同学们看黑板,我们先来明确本节课的学习目标。请一位同学为我们大声地朗读一下。

教师点名,学生朗读。

通过筛选和概括文本中的事件,了解课文的主要内容并掌握略读的方法;通过圈画文本中的抒情词句,掌握浏览的方法;通过略读和浏览的方法,能够捕捉有用信息,增加阅读量。

阅读渐进引领

第一步:初读文章,整体感知文章或语段。

教师:谢谢你的介绍。老师为大家介绍一下在《语文课程标准》中的一项要求,课标要求我们阅读一般现代文每分钟不少于500字,按照这个标准估算一下,我们要在5分钟内读完本文,接下来呢,就请同学们试一试吧。老师希望大家边读边圈画出你喜欢的语句。

学生默读文章,边读边圈画喜欢的语句。

教师:哪位同学想分享一下你喜欢的语句或语段呢?

教师指定2—3人回答。学生有感情地朗读语句,可以简单地说明喜欢的理由。

学生回答预设。

第一种情况:我喜欢"油蛉在这里低唱,蟋蟀们在这里弹琴。翻开断砖来,有时会遇见蜈蚣;还有斑蝥,倘若用手指按住它的脊梁,便会啪的一声,从后窍喷出一阵烟雾"这句话,这句话使用了拟人的手法,写出了小动物们的活泼可爱。

第二种情况:我喜欢"扫开一块雪,露出地面,用一支短棒支起一面大的竹筛来,下面撒些秕谷,棒上系一条长绳,人远远地牵着,看鸟雀下来啄食,走到竹筛底下的时候,将绳子一拉,便罩住了"这句话,这句话写出了"我"捕鸟的过程。

第二步:进入问题解决,悟读质疑。

教师:老师也很喜欢你们读的这些语句,你们不仅读出了自己的感受,还能说出为什么喜欢,老师为你们点赞。除了喜欢的语句,我想也一定有读不懂的地方吧?"学则须疑",能够对文章进行质疑,也是一种能力,那么怎样提出有价值的问题呢?老师为大家介绍几种办法。

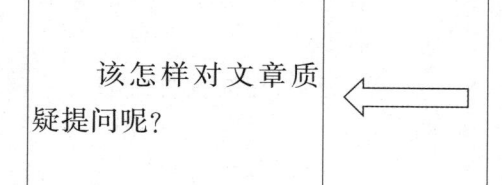

该怎样对文章质疑提问呢?	←	在不理解的词句段处质疑, 在内容的矛盾处质疑, 在内容的对比处质疑, 在内容的照应处质疑, 在内容的重复处质疑。

教师:请同学们根据老师的提示,再次读文章,至少提出三个问题。

学生根据老师提示,进行质疑。

教师:同学们在笔记本上写出了自己提出的问题,老师请几位同学说一说,看看他们提出了哪些问题呢?

学生回答预设:

第一种情况:三味书屋中的先生是一个怎样的人呢?作者要上书塾,不拜先生和孔子却要拜鹿的图是因为什么呢?

第二种情况:三味书屋的"三味"是什么意思呢?为什么要写美女蛇的故事呢?

第三种情况:"其中似乎确凿只有一些野草"这句中"似乎"和"确凿"两个词语搭配不矛盾吗?本文题目是《从百草园到三味书屋》,可以从这个题目得到哪些信息呢?

教师:同学们提出的问题都非常有价值,对同学们的提问加以归类,我们会发现,这些问题都是围绕文章的事件、人物、情感展开的,那么,课上,我们就来解决这些问题。

第三步:教师指导点拨(教师点拨相关应知、阅读方法、思考思路、方向、重点、相关注意)。

教师:这篇文章比较长,怎样读能够既快速,又准确呢?老师给大家介绍一种读书的方法——略读。

怎样略读呢?	←	略读的方法: 1. 有准备。略读前要有相关的知识和阅读经验的储备。 2. 有目标。在疏通文义的基础上,突出阅读重点。 3. 有一定的速度。略读要有一定的时限。 4. 略读中,要有摘要;略读后,要做笔记。

教师投影,出示略读的要求。指定一名学生朗读。

教师:由此可见,略读这种学习方法,很适合在熟悉课文内容后进行,有目标地阅读可以帮助我们迅速地提取信息。那么,接下来,老师就从同学们的质疑中设计一个目标,请同学们根据这个目标进行略读。

教师提出略读目标:文章写了几件事?

学生略读课文,筛选出文章中写的几件事,记录在文本的空白处。

学生回答预设:文章写了美女蛇的传说、雪地捕鸟、入学礼节、教书先生、教学内容、同窗学友、折腊梅花、寻蝉蜕、做游戏、画画儿这十件事。

教师:通过同学们的互相补充,我们找到了文章写的十件事,回顾我们快速阅读的方法就叫略读。我们再对提炼的事件进行加工,你能用一句话概括主要事件吗?

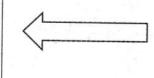

| 怎样用一句话概括事件呢? | ⬅ | 一句话概括事件的方法:谁干了什么,结果怎样?(即人+事+果)可在关键处添加时间、地点。 |

学生独立思考,概括事件。

教师:同学们在书中的批注很是详细,那么,接下来,我们先请几位同学分享他们概括的内容。

学生回答预设。

第一种情况:文章写了"我"在百草园的快乐生活和"我"在三味书屋学习的情况。

第二种情况:文章写了"我"在百草园的快乐生活,重点写了夏天的乐趣和冬天的捕鸟;文章写了"我"在三味书屋的读书生活,先生不准我们提课外的问题以及我们读书的情况。

第三种情况:文章写了"我"在百草园的快乐生活,其中第二段写了夏天的百草园充满了乐趣;第三至六段写了长妈妈给我讲美女蛇的故事;第七至八段写冬天百草园雪地捕鸟的乐趣。文章还写了"我"在三味书屋的学习情况,其中第十至十一段写了入学的情形,介绍了书屋和先生;第十二至十六段写先生不准提课外的问题;第十七至二十段写先生不准我们去后园玩;第二十一至二十四段写师生读书的可笑情景和"我"趁先生读书入神时画画儿。

教师:同学们的概括非常准确,根据以上的分析,你能对文章的结构进行划分吗?

学生回答情况预设:百草园和三味书屋是鲁迅童年生活过的两个地方。鲁迅用"从……到……"的标题把它们联系在一起,带有比照意味。全文是按空间转移顺序写的。全文分为两部分,第一部分(1—8段):回忆百草园的有趣生活。

第二部分(9段—结束):回忆在三味书屋读书的经历。

教师:同学们对文章事件的概括和结构的划分,已经了然于心,那你们有没有注意课文的题目呢,先分析文章的题目,这是一个非常好的习惯,对文章题目的分析,可以帮你迅速掌握文章的主要内容。那么,从题目中你可以获取哪些信息呢?

从文章的题目中可以获取哪些信息呢?	←	从题目中获取信息的方法: 1. 设问法。可对文章中的关键词进行提问,从而掌握文章内容和主题。 2. 关注关键词。可从词性特点进行思考。 3. 关注句式。可从句式特点进行思考,辨别主次、先后等关系。 4. 关注短语特点。

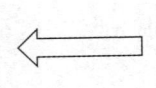

学生独立思考后回答问题。

学生回答情况预设。

第一种情况:"从……到……"这个句式可以看出是两个地方的转变,先写在百草园发生的事,再写在三味书屋发生的事,因此文章可以分为两个部分。

教师:同学们对这一点的分析非常准确,我们还可以对题目分析得更加细致一些,请同学们关注题目中的句式和结构,使用了哪些词语呢?

教师:这是一个什么样的园子呢?这又是一个什么样的屋子呢?(教师板书"园、屋"两个字,要写得大一些,加上着重号。)

第二种情况:这个园子有百草,这个屋子有三味书。

教师板书学生发现的信息,"百草、三味书"两个词对比着写。

教师:请同学们看黑板上老师写的板书,你发现什么特点了吗?

(如果学生还不能发现,教师可以将百和三味这两个词标示出来)

第三种情况:"百"和"三味"这两个词是从数量上修饰限制园子和屋子的。

教师:其他同学还有什么发现吗?

第四种情况:"草"与"书"是从内容上修饰限制园子和屋子的。

教师也可以通过组词方法,引导学生发现不同。比如:园,草园,百草园;屋,书屋,三味书屋。

教师:同学们刚才分析的"百草园""三味书屋"是偏正短语,请同学们打开书第17页,了解什么是偏正短语。

教师:同学们了解了分析偏正短语的方法,结合文章的题目进行了分析,现在你能说说你有什么方法总结吗?

学生回答预设:我知道了什么是偏正短语,还学会了偏正短语之间的关系是修饰与被修饰的关系。

教师:同学们在这部分的学习中,分析得很精彩,我们不仅掌握了汉语知识——偏正短语,还通过对题目的分析,获取了文章的结构,从哪里到哪里,地点的转移,也将文章分成了两个部分。你能从这些信息中感受作者的情感倾向吗?

学生回答预设:"从百草园到三味书屋"中显示了一个信息,这是从一个园子到了一个屋子,园子本身就有乐园的味道,而屋子像是被关起来,有束缚的意思。而从百草园这个偏正短语中,也可以明白是乐园的原因,"百"形容多、丰富;"草"告诉我们这个园子的乐趣所在,植物茂盛,乐趣多多;"三味"相对于"百",就显得枯燥,"书"对于"草",也显得没有吸引力。所以,从这两个偏正短语的比较上,可以获知,作者是更喜欢百草园的生活的。

第四步:学生独立思考,个体准备答案。

教师:我们之前使用了略读的方法,对文章的内容有了整体的感知,不仅了解了文章的结构,还对主要事件进行了概括,但是在阅读中,只有略读还不够,我们要想再深入了解文章的内容,我们还可以使用浏览的方法,该如何使用浏览的方法呢?

怎样浏览呢?	←	浏览的方法: 1. 有目标的浏览,抓住重点词句,如中心句、描写句、抒情句等; 2. 弄清文章结构,形成概括性的了解,初步体会文章主旨。

教师:请同学们圈画出文中抒情的词句。

学生独立思考。

第五步:教师指定学生个体展示答案(教师视情况适当指导、点拨重点与相关注意)。

教师:老师请几位同学说一说你找到的抒情词句,并有感情地朗读出来。

学生回答预设:

第一种情况:我家的后面有一个很大的园,相传叫作百草园。现在是早已并屋子一起卖给朱文公的子孙了,连那最末次的相见也已经隔了七八年,其中似乎确凿只有一些野草;但那时却是我的乐园。

第二种情况:我不知道为什么家里的人要将我送进书塾里去了,而且还是全城中称为最严厉的书塾。也许是因为拔何首乌毁了泥墙吧,也许是因为将砖头抛到间壁的梁家去了吧,也许是因为站在石井栏上跳了下来吧……都无从知道。总而言之:我将不能常到百草园了。Ade,我的蟋蟀们!Ade,我的覆盆子们和木莲们!

第三种情况:我才知道做学生是不应该问这些事的,只要读书,因为他是渊博的宿儒,决不至于不知道,所谓不知道者,乃是不愿意说。年纪比我大的人,往往如此,我遇见过好几回。

教师:同学们读出了对百草园的喜爱,我想如果我们再对这些句子中的一些词语进行分析,或许更能理解作者的情感。那么如何体味这些词语呢?老师推荐一些方法。

如何浏览、品味重点词句的表达作用？	体味和推敲重点词语的方法： 1. 理解词语本身含义； 2. 结合上下文语境进行揣摩； 3. 含义是否吻合全文的主题和思路。 体味和推敲重点句子的方法： 1. 语意的概括。主要抓住段的起始句、终结句及结论性的句子；2. 揭示文章中心、主旨、观点、情感。此类句子主要是指在文章开头、结尾的结论性、概括性语句和段落的中心句；3. 侧重文章语言的把握。要抓住文章挈领性的、过渡性的、总括性的语句以及区分段内层次的语句。

第六步：小组讨论归纳答案（小组讨论适时、适度、适量）。

学生浏览文章，圈点批注出体现作者情感的语句或者词语。

学生独立思考后，在小组内进行交流。

第七步：指定组代表展示本组归纳的答案（表述全面、到位、准确、规范）。

教师：同学们讨论得非常激烈，接下来，请每个组派一位代表展示你们小组的讨论结果，注意，要尽可能地使用老师刚才介绍的方法来分析。

学生回答预设。

第一种情况：文章第一段中的"似乎"和"确凿"这两个词语，看似矛盾，其实不矛盾。因为隔了七八年，所以印象有点模糊，用"似乎"表示不确定，又因对童年生活记忆犹新，所以用"确凿"表示肯定的语气，"乐园"一词透露出孩子的一种童心、快乐。

第二种情况："不必说碧绿的菜畦，光滑的石井栏，高大的皂荚树，紫红的桑葚；也不必说鸣蝉在树叶里长吟，肥胖的黄蜂伏在菜花上，轻捷的叫天子（云雀）忽然从草间直窜向云霄里去了。"我想分享这句话的分析。第一个不必说，从低到高写静物，第二个"不必说"从高到低写动物，说黄蜂"肥胖"

突出了黄蜂体态肥胖而悠闲,云雀写出这种鸟机灵轻捷。第二个"不必说"从整体上勾勒出对百草园的整体印象,从植物到动物都充满无限乐趣。

第三种情况:我想分享对第九段的分析。这是一段过渡段,从内容到结构起到了承上启下的作用。这段文字在全文中既照应课文前半部分"我"在百草园的快乐生活,又为下文将去三味书屋提前做了交代,本段用排比和拟人的修辞手法表现了"我"对百草园的热爱和恋恋不舍之情。至于因为何故不能常去百草园玩乐,文章并没有明确的交代,只是用了"不知道""也许"表示自己的推测。这些词语不仅真实地反映了当时的心理,还对百草园的生活巧妙地进行了补充,同时也表达了自己离开百草园时那种无可奈何的心情。

第四种情况:"扫开一块雪,露出地面,用一支短棒支起一面大的竹筛来,下面撒些秕谷,棒上系一条长绳,人远远地牵着,看鸟雀下来啄食,走到竹筛底下的时候,将绳子一拉,便罩住了。"我想分享雪地捕鸟这个语段中的几个动词,"扫""支""撒""系""牵""看""拉",这些动词把"我"在百草园冬天捕鸟的事描写得非常生动,百草园在冬天仍然是乐趣无穷的,表现了"我"对百草园生活的热爱和留恋。

教师尊重学生的理解,不做统一要求和规定。

第八步:教师或学生评价、确认(或)补充答案,强化做这类题型重点的、带规律性的学习方法、掌握要求和相关注意(提醒防止出现的问题)等。

课堂总结

教师:童年的美好在于无拘无束的生活,童年的美好在于神秘莫测的幻想,童年的美好更在于孜孜不倦的学习。本节课,我们通过筛选和概括文本的内容,掌握了略读和浏览的方法,这两种方法不仅帮助我们快速地阅读文章,还可以让我们准确地把握文章的内容,感受作者的情感,希望在今后的学习中,同学们多多使用略读和浏览的方法。

【板书设计】

快速阅读

略读:有准备　有目标　有速度　有记录

浏览:有重点　有记录　有整理

【智慧训练】

秋天的怀念

史铁生

　　双腿瘫痪以后,我的脾气变得暴躁无常,望着天上北归的雁阵,我会突然把面前的玻璃砸碎;听着录音机里甜美的歌声,我会猛地把手边的东西摔向四周的墙壁。母亲这时就悄悄地躲出去,在我看不见的地方偷偷地听着我的动静。

　　当一切恢复沉寂,她又悄悄地进来,眼圈红红的,看着我。"听说北海的花儿都开了,我推着你去走走。"她总是这么说。母亲喜欢花,可自从我瘫痪以后,她侍弄的那些花都死了。"不,我不去!"我狠命地捶打这两条可恨的腿,喊着,"我活着有什么意思!"母亲扑过来抓住我的手,忍住哭,说:"咱娘儿俩在一块儿,好好儿活……"

　　可我一直都不知道,她的病已经到了那步田地。后来妹妹告诉我,母亲常常肝疼得整宿整宿翻来覆去睡不了觉。

　　那天我又独自坐在屋里,看着窗外的树叶"唰唰啦啦"地飘落。母亲进来了,挡在窗前,"北海的菊花开了,我推着你去看看吧。"她憔悴的脸上现出央求的神色。"什么时候?""你要是愿意,就明天?"她说。我的回答已经让她喜出望外了。"好吧,就明天。"我说。她高兴得一会儿坐下,一会儿站起。"那就赶紧准备准备。""哎呀,烦不烦!几步路,有什么好准备的!"她也笑了,坐在我身边,絮絮叨叨地说着:"看完菊花,咱们就去'仿膳',你小时候最爱吃那儿的豌豆黄儿。还记得那回我带你去北海吗?你偏说那杨树花是毛毛虫,跑着,一脚踩扁一个……"她忽然不说了。对于"跑"和"踩"一类的字眼儿,她比我还敏感。她又悄悄地出去了。

　　她出去后,就再也没回来。邻居们把她抬上车时,她还在大口大口地吐着鲜血。我没想到她已经病成那样。看着三轮车远去,也绝没有想到竟是永远永远的诀别。

　　邻居的小伙子背着我去看她的时候,她正艰难地呼吸着。别人告诉我,她昏迷前的最后一句话是:"我那个有病的儿子和我那个未成年的女儿……"

　　又是秋天,妹妹推我去北海看了菊花。那黄色的花淡雅,白色的花高洁,紫红色的花热烈而深沉,泼泼洒洒,在秋风中正开得烂漫。我懂得母亲没有说完的话。妹妹也懂。我俩在一块儿,要好好儿活……

1. 文中加点的"悄悄地"所要强调说明的是什么?
2. 结合内容说说文中加点的动词"扑"和"挡"为什么用得好。
3. 将第三段中加横线的"央求"换成"期待"好吗?为什么?

附　参考答案

1. ①母亲十分体谅儿子的苦衷。②母亲周到细心,尽可能不去惊扰儿子。③母亲的心里更难受。

2. 母亲时刻为儿子着想,细节描写使人物性格刻画鲜明,感人至深。

3. ①"央求"反映出母亲既盼望儿子早日摆脱阴影,又怕自己支撑不到那一天的复杂心理,若换成"期待"则不能突出母亲忍着巨大病痛仍一心为儿子着想这一特点。②从词义看,"央求"含有最低要求的意思,"期待"则指较高要求。

（编写　张伟）

藤野先生

【内涵释义】《义务教育语文课程标准》(2011 版)提出了非常明确的要求,初中生要"养成默读习惯,有一定的速度,阅读一般的现代文,每分钟不少于500字。能较熟练地运用略读和浏览的方法,扩大阅读范围,扩展自己的视野"。

在"实施建议"部分提到:"应加强对阅读方法的指导",更是强调了"略读"和"浏览"是重要的阅读方法,是语文教学中不可或缺的一部分。

略读又称跳读或浏览,是一种非常实用的快速阅读技巧。所谓略读,指快速阅读文章以了解其内容大意的阅读方法;浏览是指粗略地看一遍。大致分为扫描式和跳读式两种。两者既相互联系又相互区别,略读重在用较快的速度阅读,粗知文章大意,浏览重在较快地根据需要收集信息。"从略读里知大意,从浏览里获信息"。

【引领读悟】

以鲁迅的《藤野先生》为例,落实本点。

学习准备

初二的学生对于作品内容已经具备了初步的概括、分析能力,明确了默读要求,但看问题往往不够客观、全面、深入。不过,他们思维活跃,视野开阔,在培养学生概括能力的同时,展开横向思维,读懂事件与主题的关系;在引导学生欣赏名家作品的同时,使学生受到前人高尚情操的熏陶,达到既学读书又学做人的目的。

导入新课

教师:宋人朱熹曾说:"读书有三到,谓心到,眼到,口到。"而"三到之中,心到最急",因为"心不在此,则眼不看仔细,心眼既不专一,却只漫浪诵读,决不能记,记亦不能久也"。而默读几乎只有"心""眼",而不用"口""耳",有利于提高阅读的速度,从普遍性来看,默读比朗读运用得更广。今天,就请大家随我一起走进《藤野先生》并学习新的阅读方法。

(教师板书:藤野先生)

叙述目标

教师:请同学们看多媒体,大声朗读本节课的学习目标。

学生朗读:通过运用略读和浏览的方法,了解文章的主要内容;通过对典型事例的再读与分析,掌握略读和浏览的方法并学习刻画人物的方法;了解藤野先生正直热诚、治学严谨、没有民族偏见的高贵品质,学习鲁迅先生强烈的爱国主义精神。

阅读渐进引领

第一步:初读文章,整体感知文章或语段。

教师:阅读一般现代文,每分钟应不少于500字,接下来,给大家7分钟的时间,请同学们默读课文,同时,老师希望大家在阅读结束后归纳本文的主要内容。

学生默读课文,边读边圈画。

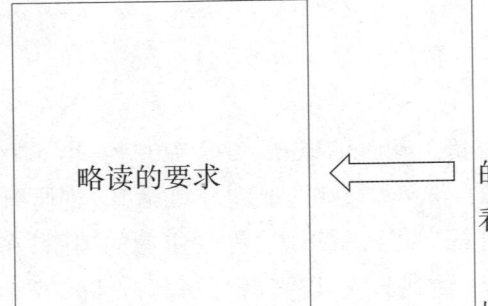

略读的要求	←	1. 要默读，就是无声地读。 2. 在读时要去掉多余的动作。 3. 要扩大"视野"，即增大眼睛的扫视范围，由原来的一字一词地看书，变为一句一行地看书。 4. 抓住关键字、词联想：时间、地点、人物、事件、感受等。
略读有哪些技巧呢？	←	1. 能以最快的速度掌握文章大意即可。 2. 要利用文章的标题、斜体词、黑体词、脚注、标点符号等。如：《藤野先生》一文，标题指向人物。 3. 以一般阅读速度，阅读文章开头一、二段，力求抓住文章大意、背景情况、作者的文章风格、口吻或语气等。 4. 阅读段落的主题句和结论句。

教师：接下来，请几名同学和大家分享自己概括的内容，并说出这样概括的理由。

教师指定2—3名学生回答，要求：有感情地朗读语段，其他学生认真聆听。

学生回答预设1：本文记叙了"我"在日本留学时期的学习生活。因为文中主要记录了"我"的所见所闻所感。

学生回答预设2：本文通过作者对留学日本生活时的回忆，赞颂了藤野先生的精神。文章虽然记录了"我"的所见所闻所感，但是课题是《藤野先生》，应该和藤野先生有关。

学生回答预设3：记录作者在日本留学时期的学习生活，重点叙述在仙台学医的经过。赞颂了日本老师藤野先生的高尚品格，表达了对藤野先生的深情怀念。文中大篇幅都在介绍"我"在仙台医学院的学习生活,藤野先生的点滴生活进入了"我"的视线,从而成为本课非常重要的人物,而且在回国后还时时记起藤野先生。

学生回答预设4:回忆了作者与藤野先生相识、相处、离别的往事,赞扬了藤野先生的高尚品格,表达了自己对藤野先生的怀念。描写东京的生活是为了交代去仙台的原因,文章大篇幅介绍"我"在仙台医学院的生活与学习,藤野先生给"我"帮助与指导,所以在回国后"我"依旧能够时时怀念起藤野先生。

第二步:进入问题解决,读悟质疑。

教师:以上同学和我们分享了他们的读书收获,有的同学从课题入手思考,有的同学从文章的重点句子思考,有的同学关注了文章的开头,老师很欣赏你们这一点,为你们点赞。

教师:接下来,我们运用这些方法,根据课文内容进行提问。关于怎样提问题,老师可以给出一些方法供大家参考。

如何对文章提问题呢?	⇐	1. 借助课题 2. 抓住文章重点词和段落 3. 从文章的前后矛盾处 4. 联系生活实际 5. 从写作手法上

学生根据要求略读课文,并提出问题。

教师:同学们阅读的速度都很快,而且都能够边阅读边圈画。老师请几名同学向大家展示一下他们提出的问题?

学生回答预设1:藤野先生到底做了什么,让鲁迅念念不忘?

学生回答预设2:文章的题目是《藤野先生》,开头为什么写清国留学生?

学生回答预设3:鲁迅为什么说藤野先生是"伟大"的?

学生回答预设4:文章中都写了藤野先生哪些事?向我们展现了怎样一位老师?

教师:同学们提出的问题都非常好,对你们的问题进行归类,我们会发现这些问题都指向文章的内容、人物、主题,接下来,我们就来一起解决其中的一个问题:鲁迅为什么说藤野先生是"伟大"的?

第三步:教师指导点拨(教师点拨相关应知、阅读方法、思考思路、方向、重点、相关注意)。

教师:一位普通的教授,仅仅两年的师生情谊,自鲁迅先生离开日本就再未与他相见,况且鲁迅后来也弃医从文,作为文学家、思想家的鲁迅为什么用"伟大"这样的字眼相送呢?请同学们快速浏览全文后回答。

| 浏览的方法有哪些? | ← | 1. 根据不同的内容选择不同的读书方式。
2. 浏览时,速度应适中。
3. 浏览,并不是马马虎虎,随随便便地看看。同样应该开动脑筋,边想边读,使记忆积极从事活动。
4. 除了勤于动脑之外,浏览时也要勤于动笔。 |

学生回答预设1:作者选取了与藤野先生相关的几件事。

学生回答预设2:鲁迅对藤野先生进行了多方面的描写。

教师:藤野先生是以一个什么样的形象出现在"我"面前的,文章抓住了藤野先生的哪些特征来描写?同学们可以采用浏览的方法,阅读有关写藤野先生的内容。用"从_____的描述中,我感受到藤野先生的_____"的句式,表述自己的发现。

如何分析人物形象？	←	主要从四个方面揣摩人物： 1. 肖像描写（容貌、声音、表情等） 2. 行动描写（人物行为和行为方式） 3. 语言描写 4. 心理描写

教师：除了以上四个方面，我们还可以从对比、烘托等方面揣摩人物形象，一句话，阅读要紧扣情节，结合背景及对人物的具体描写来分析人物形象。

学生回答预设1：从"黑瘦、八字须、戴着眼镜"的描述中，我感受到藤野先生的生活简朴，不修边幅。

学生回答预设2：从"挟着一叠大大小小的书"的描述中，我感受到藤野先生的学者形象。

学生回答预设3：从声音是"缓慢而有顿挫"的描述中，我感受到藤野先生正直的学者形象。

学生回答预设4：从"衣着模糊，冬天是一件旧外套，寒颤颤"的描述中，我感受到藤野先生治学严谨、不拘小节的崇高品德。

教师：这就是作者对藤野先生的第一印象，包括亲眼见到，亲耳听到的。读到此，一位生活俭朴、治学严谨的学者形象已展现在我们的眼前了。这是作者，也是我们读者对藤野先生的初步了解。让我们继续读下去，更加深入地了解藤野先生。

教师：请同学们默读课文，采用浏览的方式进行圈画批注：作者选取了和藤野先生交往中的哪些事？并谈谈你读出了一个怎样的藤野先生？

引领读悟:议论文 文言文 名著 >>>

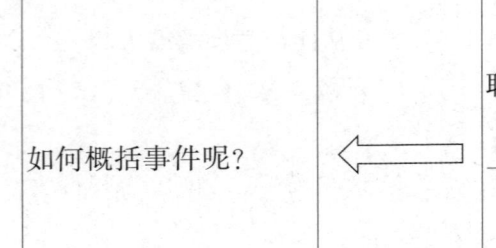

如何概括事件呢?	←	1. 通过把握事件的关键语句,联系文章的主题来概括事件 2. 表述的形式:谁在何种情况下如何做某事,结果如何 3. 表述的要求:简洁、到位、完整

学生回答预设1:藤野先生为"我"订正讲义,可以看出他是一个认真负责、一丝不苟的人。

学生回答预设2:我需要改正一下,"修改讲义"应该更合适一些,藤野先生不但为鲁迅增加了讲义中脱漏的地方,而且还修改了其中文法的错误。

学生回答预设3:如果说增加讲义中脱漏的地方还是一位医学老师职责的话,有一点肯定不是他份内的事,那就是订正文法的错误,而且"这样一直继续到教完了他所担任的功课……",可见藤野先生关心学生,和蔼耐心。

学生回答预设4:担心"我"的解剖实习,作为一位医学教授,本可以坦言:本没有鬼,不必迷信之类的话,但他为什么说"听说中国人是很敬重鬼的"? 怕"我"难堪,故意委婉地说"敬重",这是对"我"的尊重。

学生回答预设5:纠正解剖图,根据"——自然,这样一移,的确比较的好看些,然而解剖图不是美术……"这是委婉的批评,怕刺伤"我"的自尊心。

学生回答预设6:明明是画错了,还表扬"的确比较的好看些",真是又严格又耐心。还有一些细节要注意,"叫我",三次都是老师叫学生;"你能抄下来么?"是商量询问的口吻;"拿来我看!"为学生可以抄下来讲义而兴奋。还有"每一星期要送给他看一回""吃了一惊""不安和感激""很高兴地"等。

学生回答预设7:还有关心"我"的解剖实习,看出藤野先生的求实精神、善良的心地。根据是:"还叹息道,'总要看一看才知道。究竟是怎么一回事呢?'"

学生回答预设8:既有对中国妇女遭受摧残而同情,作为医学教授,为自己不能亲眼见到而惋惜。

教师:同学们说的都有道理。写人,一定要选择典型的事例,把人物的品格放在具体的事例中去体现。作者选取了与藤野先生交往的四件事,表现了藤野先生对工作一丝不苟、认真负责,对学生关心备至、和蔼耐心,对科学有求实的精神。

教师:同学们,现在你能感受到藤野先生的"伟大"之处了吗?

学生回答预设1:能够感受到了,藤野先生治学严谨,以诚相待。

学生回答预设2:我认为还差一些,似乎与"伟大"之类词还有些距离。

教师:是呀,这实在不过是一个教师,最多是一个好教师的职业本能。到底还有什么原因呢?其他段落写了什么事?这些段落和写藤野先生到底有什么关系?

第四步:学生独立思考,个体准备答案。

教师:按照你的经验,一个人在什么情况下,最感动于别人的帮助?

学生回答预设1:在这个人非常需要的时候。比如彷徨犹豫,走投无路的时候。

学生回答预设2:帮助了这个人得到了最想要的东西。

如何体会作者情感? ←	1. 依据文章的主要内容 2. 依据带有感情色彩的语句 3. 依据含义深刻的语句、段落 4. 在反复朗读与诵读中体会

教师:我们再来看看鲁迅先生:是在怎样的情况下去日本的?到了日本又怎样?在《藤野先生》的前一篇《琐记》中他这样写道:(屏显)"爬上天空二十丈和钻下地面二十丈,结果还是一无所能,学问是'上穷碧落下黄泉,两处茫茫皆不见'了。所余的还只有一条路:到外国去。"那么这时候的鲁迅最想要什么?

学生回答预设:学问。

教师:在国内已毫无出路,那么抱定希望远涉重洋又怎样呢?请自读1—3段,思考:初到日本的鲁迅,得到他想要的东西了吗?

学生回答预设1:没有。东京的清国留学生,只知道赏樱花、学跳舞。

学生回答预设2:作者共写了两件事:赏樱花、学跳舞。作者不仅没有得到学问,反增失望和厌恶。

学生回答预设3："成群结队""形成一座富士山""油光可鉴,宛如……标致极了""咚咚咚地响个震天……学跳舞"这些语句可以看出清国留学生不学无术,令人厌恶至极。

第五步:教师指定学生个体展示答案(教师视情况适当指导、点拨重点与相关注意)。

教师:"到别的地方去看看,如何呢?"这岂不就是在极度失望之后再碰碰运气的侥幸和无奈吗?再来看鲁迅到仙台怎样。读第4段,你感觉去仙台路上,鲁迅的心情怎样?

学生回答预设1:从记住的"日暮里"和"水户"两个地名来看,他很颓唐、很失落,有点"山重水复疑无路"的意思。

学生回答预设2:"日暮里",日暮途穷;"水户",是他的浙江老乡客死的地方。这两个地方会让他很自然地联想到自己渺茫的前途。

学生回答预设3:我感觉他有点想家了,"日暮乡关何处是,烟波江上使人愁"嘛。

教师:同学们体悟得很深刻。下面再好好读读第5段,想一想:初到仙台的鲁迅,受到了怎样的优待?他心情愉快吗?

学生回答预设1:不但不收学费,几个职员还为我的食宿操心。

学生回答预设2:不愉快。先是有蚊子,而且客店还包办犯人的饭食,后来每天要喝难以下咽的芋梗汤。

教师:学校明明很关心他,他为什么还会不愉快呢?

学生回答预设1:因为鲁迅来日本是学知识的,不收学费、操心食宿都不是他需要的。

学生回答预设2:他最需要的是学问和振兴祖国的良方。

教师:对,所以他才把这些关心幽默地归为"大概是物以希为贵罢"。可见鲁迅对这种优待的态度是感谢但并不——感动。

教师:除此之外,我们还能发现哪些地方可以体现藤野先生的"伟大"吗?

学生回答预设1:在匿名信事件和看电影事件后,"我"的意见发生了变化,藤野先生问明了"我"的原因并给"我"提出了热切的希望,并赠照片题词送与"我",他对一个弱国的学生没有民族偏见,关怀备至,真诚无私,在"我"眼里和心理是伟大的。

学生回答预设2:"他的对于'我'的热心的希望,不倦的教诲,小而言之,是为中国,就是希望中国有新的医学;大而言之,是为学术,就是希望新的医学传到中国去。"他的这种超越国界,一心只为学术的品质在鲁迅的眼里和心里就是伟大的。他关心学生,对学术真诚无私的精神感动了鲁迅。所以鲁迅先生说他是伟大的。

教师:独处异国他乡,在失望中苦苦追求、心灵冰到了零点的鲁迅,正处在这样"山重水复疑无路"的当口,一个"黑瘦、八字须、戴着眼镜"的先生"挟着一叠大大小小的书",以极富个性的抑扬顿挫的声调,带着尊重、关爱和鲁迅的全部所需,雪中送炭般地闯入了鲁迅的生活——这真是"柳暗花明又一村"!这个部分作者在暗示我们:第一,他的境遇很糟,确实需要帮助;第二,他到底需要什么,不需要什么。而这时,是藤野先生给了鲁迅最及时、最急需的帮助——学业的、精神的、人格的。让我们带着这种感情再去朗读第37段。"但不知怎地——"

学生朗读第37段。

第六步:小组讨论归纳答案。

教师:同学们,请大家再一次浏览课文,前后桌为一组进行交流,感受藤野先生的"伟大",然后展示交流的结果。

第七步:指定组代表展示本组归纳方案。

教师:现在我们就来看看你们交流的结果吧。

学生回答预设1:仙台医专的藤野先生不但不歧视他,反而对他这个中国学生特别热情友好与尊重,这当然会令饱受歧视的鲁迅终生怀念与感激。

学生回答预设2:藤野先生给他"添改讲义",而且"从头到末""连文法的错误也都一一订正",并且"每一星期"一次"一直继续到教完了他所担任的功课"。

学生回答预设3:解剖实习时,对鲁迅特别关照。

学生回答预设4:鲁迅决定弃医从文时,他把鲁迅请到家里,拿出写着"惜别"二字的照片作为留念。

学生回答预设5:对于一直生活在歧视冷酷诬陷之中的鲁迅来说,还有谁像藤野先生这样在那么长的时间内给他以那么热情的关怀和帮助,所以鲁迅说"他的性格,在我的眼里和心里是伟大的"。

学生回答预设6:因为藤野先生对于在外国留学的"我"没有任何民族

偏见,并且对于"我"热心的帮助、不倦的教诲,为"我"添改讲义,并且纠正了"我"医学甚至是文法上的错误,这些都是藤野先生的伟大之处。

学生回答预设7:不因民族仇恨针对鲁迅。

教师:总之,藤野先生没有狭隘的民族偏见,治学严谨,教学认真,能以公平之心对待来自弱国的学生,并给予极大的关心、鼓励和真诚的帮助等等,在当时的历史条件下,能够做到这些尤为难能可贵。所以,在"我"心目中他是伟大的。

第八步:教师评价、确认或补充答案强化这类问题的重点的方法。

教师:通过以上的分析,不知道是否解决了我们开始提出的问题?

学生回答预设:已经解决了。

教师:关于默读和浏览这两种阅读的方法,也希望同学们能够运用到今后的阅读中去。

课堂总结:这节课我们认识了一位平凡而伟大的教师,感受了这份跨越国籍的师生情。一位优秀的教师,就像一盏不灭的灯,会长久地照耀着人们,给人以精神和力量。在阅读文章时,我们通过运用略读和浏览的方法,了解了文章的主要内容,感受到了藤野先生人格的伟大,希望同学们在以后的学习生活中能够更好地运用。

【板书设计】

藤野先生

鲁迅

略读——了解文章大意

浏览——搜索重要信息

【智慧训练】

阅读《不卖》,完成后面的习题。

不卖

范春歌

我有个朋友是收藏爱好者,尤其喜欢收集民间工艺品。

看了他琳琅满目的收藏品,很是羡慕。他曾得意地说,只要肯出大价钱,没有买不来的宝贝。

那天朋友到家来小坐，进门直摇头，以为他淘宝看走了眼，一问，讲了这么件事。

路上，他遇到一对抱着小孩操乡村口音的年轻夫妇站在天桥下问路，朋友是个热心人，给指了路。但那对夫妇好像是第一次到武汉，尽管他说得很详细了，他们还是一副找不着北的样子。天冷，风大，小孩冻得直咧嘴。朋友拿出笔给他们简单画了个路线图。

当那对夫妇要转身的时候，他忽然发现对方提的一个塑料袋里露出一对虎头鞋。虎头做得粗眉圆眼，古朴可爱，虎身的刺绣也十分少见，便动了心思，问对方能否卖给他。

夫妇俩愣了一下，互相看了一眼笑道，这是孩子他太姥姥做的。

他又问，老人多大岁数了，夫妇俩说八十多啦。他摸摸虎头鞋说，二十块钱卖给我怎么样。年轻的夫妇只是说，鞋子他太姥姥做的。

他将虎头鞋拎到手里看了又看：五十块。夫妇俩有点不知所措：师傅，这是孩子他太姥姥……

他着急地打断他们的话，掏出几张钞票：好，不说了，100！

年轻夫妇没有接钱，从他手里拿过虎头鞋，俩人站在路边轻声商量着什么。他不甘心地喊：120！

朋友给我们讲到这里，因为激动，脸都微微泛红，说当时真有些生气了，虎头鞋虽好，但就值这个价了，也应该是让这对乡村夫妻动心的价格，足可以给小孩买双上好的皮鞋。

夫妇俩商量了一会儿，拿着虎头鞋微笑着走向他：师傅，你这么喜欢，就送给你好了。说实话，我们一路问路，就数你最热情，还给画张图。真不知怎么谢你！

这下我的朋友愣住了。套句俗话讲，他"不敢相信自己的耳朵"。当夫妇俩将虎头鞋塞到他手里时，他不好意思了：我肯定要付钱，讲好120块，一分不会少。

夫妇俩说，这是孩子他太姥姥做的，不卖。

朋友劝道，你们告诉老人，一双虎头鞋在城里卖了这么多钱，老人家不知会多高兴呢！

对方笑了，女人说：太姥姥知道别人这么喜欢她做的鞋，要掏这么多的钱买，就很高兴了。你拿去给孩子穿，我们捎信让太姥姥再做，方便。

103

听到这里,我和先生站起来,都想看看这双虎头鞋。

朋友摊开双手:我没有拿,把虎头鞋给他们放进了塑料袋,说,你们告诉太姥姥,她的鞋漂亮极了,有个路人出了很大的价钱,你们都没卖。她老人家一定更高兴。

后来呢?我问。

朋友说,后来我把这一家三口送到了车站,就告别了。他还说,这年头见多了有钱能使鬼推磨的事儿,今遇到一个例外。难得。

(选自《读者文摘》2013年第3期)

文章标题为"不卖",意为"年轻夫妇不卖太姥姥为孩子做的那双鞋"。请采用略读和浏览的方法,梳理两条年轻夫妇不卖鞋的原因。

原因一:

原因二:

附　参考答案

鞋子饱含着太姥姥的一片深情,真情无价,不卖;朋友热情相助,送鞋真诚感谢,不卖;卖鞋违背心愿,亵渎真情,不卖。

(编写　贾丹)

阅读浅易文言文

爱莲说

【内涵释义】

文言文是中国古代的一种书面语言,主要包括以先秦时期的口语为基础而形成的书面语。"课标"中明确提出初中阶段的学生阅读文言文要做到能借助注释和工具书,阅读浅显的文言文。能理解文章中文言词语的含义,能将文言语句译成现代汉语,能理解文章的基本内容。

【引领读悟】

以《爱莲说》为例,落实本点。

学习准备

阅读文言文首先应该具备使用工具书的能力;其次,要有结合语境进行阅读理解文言文的习惯和意识。准备好积累本,文言文的学习需要的是大量积累,进行好分类积累,才能使阅读文言文的能力得到提升,达到真正的迁移与运用。

导入新课

北宋著名哲学家周敦颐,一生正直廉洁,酷爱莲花,在他五十多岁的时候写下了脍炙人口的《爱莲说》一文,此文虽短,但字字珠玑,令世代传诵,今天就让我们一起走进《爱莲说》,与周敦颐一起好好欣赏一下他酷爱的"莲"。首先,让我们一起明确本节课的学习目标。

叙述目标

能借助工具书和课下注释,准确、通顺地将文言语句翻译成现代汉语;能通过重点的语句,理解有关"莲"的形象,说出自己对"莲"的认识;能通过本文的议论性语句,理解作者写此文的意图。

阅读渐进引领

第一步:初读感知,明确积累。

教师:刚才我们一起明确了本节课的学习目标,下面让我们心中装着目标,走进文章。请同学们打开书,用自己喜欢的方式读课文,圈画出自己喜欢或是读不懂的语句,初步了解课文所写内容。

以自己喜欢的方式读课文,圈画出文中自己喜欢或是不明白的词句。	←	朗读:要做到声音洪亮,字音清楚。 初读文言进行圈画,可以把生僻字、多音字、古今异义字圈画出来。借助工具书查出字音。 用波浪线划出自己喜欢的词句。

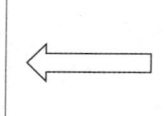

教师:同学们可以采用大声朗读或是小声朗读或是默读的方式读课文,同时,圈画出自己喜欢的词语或是句子,进行交流,交流过程中要简要阐述一下喜欢的理由。

学生交流预设。

学生回答预设1:我喜欢"中通外直,不蔓不枝",这两个四字词,读起来朗朗上口,而且能很好地写出莲花的特点。

学生回答预设2:我喜欢"香远益清"这个词,读着这个词就好像闻到了莲花的香气。

学生回答预设3:我喜欢"莲之爱,同予者何人?"这是一个反问句,从句子中,我能感受作者的一种无奈。

教师:大家说的都特别好,每个人都能够表达出自己的独特阅读感受,接下来让我们进一步走进"莲",去认识,去理解周敦颐笔下的"莲"。

第二步:进入问题解决。

教师:周敦颐口诵的这篇《爱莲说》虽然只有119个字,但却被世人代代相传,这应该不仅仅是"莲花"的清幽玉洁吧,还有什么使它口口相诵呢？相信大家也都在阅读中有着这样或那样的问题吧。

> 刚才大家都说了自己喜欢的词句,下面提出我们的阅读困难或是疑问,一起研读课文。

> 阅读文言首先要排除文言翻译的困难,文言中存在着通假字、古今异义等特殊词语和一些特殊句式。
>
> 提问题除了自己阅读不明白的问题之外,还可以从词语的使用,句子的含义或是段落之间的关系入手提问,也可以从主题提问。用波浪线划出自己喜欢的词句。

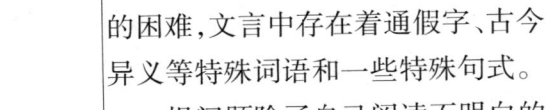

教师:默读课文,将自己的阅读问题批注出来。

学生提出的问题可能有以下情况:

第一种情况:从文言串译上提出问题。

对词语的串译:

予独爱莲之出淤泥而不染,濯清涟而不妖,中通外直,不蔓不枝,香远益清,亭亭净植,可远观而不可亵玩焉。

对语句的串译:

中通外直。

莲之爱,同予者何人?

第二种情况:从内容或是主题上进行提问。

学生回答预设1:莲花有什么特点?

学生回答预设2:作者开篇为什么不直接写莲花?

学生回答预设3:怎样理解"莲之爱,同予者何人"这句话?

学生回答预设4:作者写这篇文章的目的是什么?

学生回答预设5:为什么课文最后一句才写到"牡丹之爱,宜乎众矣",而不是按照课文第一段的出现顺序写?

教师:大家提出的问题都不错,有从文言知识角度进行提问的,有从句子的理解方面提问的,有从对本文主要内容上进行提问的,有从主题上进行提问的,看来,大家真是很喜欢这篇课文。其实,刚才大家的这些问题,我们可以将其中的一些合并为"周敦颐为什么喜欢莲?"但在探究这个问题之前,还是先要解决大家在文言翻译上存在的困难。

第三步：教师指导点拨。

教师：刚才同学们的提问，主要针对两大方面的问题，其一是，文言文语句翻译成现代汉语；其二是，对主要内容或是主题的理解。在进行解决之前，老师可以给大家提供以下建议。

首先，对于把文言文语句翻译成现代汉语，应该主要突破文言文中的重点词语和特殊句式。在词语方面，我们都知道，文言词语存在虚实词之别，虚词我们需要借助文言工具书进行积累，同时借助语法完成翻译；对于实词的翻译，如果是一般常规实词，我们可以采用组词法；但在文言词语的翻译中还存在很多非常规词语，如：通假字、一词多义、词类活用、古今异义等现象，这就需要我们关注语境，结合语境、语法来完成翻译。对于句子的翻译，一般情况可用直译法进行串联，但仍要掌握几种特殊句式：判断句，大多翻译为"……是……"；省略句，要补充上省略的内容；倒装句，要调整好句式。

其次，对于我们归纳出的主问题进行探究，我们不妨可以这样想：

周敦颐喜欢莲，一定和"莲"本身有关系，我们可以圈画出有关"莲"的语句，进行逐一分析。

从题目看，"说"是一种议论性的文体，大多是就一事、一物或一种现象抒发作者的感想。本文十分明显是对一物——"莲"进行感想抒发。

就写物文章来说，一般写物的文章都使用借物抒情或是托物言志的手法，我们还可以从这一方面进行探究。

第三，当你们能够理解周敦颐为什么喜欢莲花后，其他的问题也就"浮出了水面"。我们要清楚，本文的写作对象是莲花，那莲花之外的事物自然也要为莲花服务，这应该就涉及了一些写作手法的使用。

教师：老师的建议提到这里，下面就让我们静心学习，发挥大家的智慧，可能还会出现更多的办法。

第四步：学生独立思考，准备答案。

学生根据教师提供的学习建议，结合注释、工具书和相应的语境对翻译中的困难进行个体思考，根据个人理解进行翻译。

对主问题的思考，可以采用在书边侧进行批注，写出自己的阅读感悟。

教师：同学们刚才思考得都很认真，相信大家都有了自己的答案，接下来就让我们来看看大家的个人理解，有多少同学理解到位，掌握了要领；有多少同学的思考还有欠缺，需要我们进一步进行补充。

第五步,学生个体展示,交流答案。

教师:先让我们一起看看大家在翻译中存在的问题,是不是已经得到了解决。

交流第一类问题:

> 予独爱莲之出淤泥而不染,
> 濯清涟而不妖,
> 不蔓不枝,
> 香远益清,
> 亭亭净植,

← 结合工具书"之"的用法,再结合语句,确定它在句中的用法。
结合语境,看词语修饰或描述的对象,思考词类活用、一词多义等现象。
翻译语句注意分析存不存在特殊句式。

学生回答预设1:我认为"之"在本句中所处的位置是中间,应该翻译成"的"。

学生回答预设2:我按照直译法串译了一下,觉得不用翻译"之"也挺通顺的,所以,"之"字在这里可以不翻译,应该是取消句子独立性的。

学生回答预设3:"妖"是个文言实词,可以用组词法完成,但要关注语境中陈述的对象。结合前一个句子,可以知道,"妖"说的是莲花,因此可以翻译成"妖艳"或者"妖媚"。

学生回答预设4:我认为"蔓"和"枝"也可以运用组词法进行翻译,可以翻译成"枝蔓""枝叶"。

学生回答预设5:我觉得"蔓"和"枝"翻译成"枝叶""枝蔓"没有问题,但放到句子中并不通顺,"不枝蔓,不枝叶",怎么读着都不合适。是不是应该添加内容。

学生回答预设6:我认为"益"是一个一词多义,在这里应该翻译成"更加"。

学生回答预设7:我认为"植"一定是发生了词性的变化,看整个词,再与前一句联系,可以得知,它应该是用来修饰莲花的,因此可以看成是"直立"。

学生回答预设8:"中通外直"这句话翻译时要关注它是一个省略句,要补充前面的主语,即它的茎。"莲之爱"不能简单地翻译成"莲花的喜爱"应该翻译成"对于莲花的喜爱"。

教师:从大家的发言中,可以了解到我们对于文言翻译已经掌握了一些方法。老师在这里强调一下:

文言文中的词语存在着通假字、词类活用、一词多义、古今异义等情况,我们在翻译时一定要结合语境,关注这些特殊的文言知识。

交流归纳整合后的主问题:

周敦颐为什么喜欢莲花?	←	剖析原因要学会由表及里,所谓的表也就是先从莲花自身看起;所谓的里则需要我们进一步理解作者写作目的,即:是抒情还是言志。

学生回答预设1:我认为周敦颐喜欢莲花是因为莲花漂亮,有香气。

学生回答预设2:我认为不仅是莲花漂亮,有香气,莲花身上还能体现出一些高贵的品质,比如:它的"香气远播"和我们学习过的《陋室铭》中的"斯是陋室,惟吾德馨"就很像,这里的香气应该代表的是一种品德。还有其中的"中通外直,不蔓不枝"让我们看到的莲花应该是充满正直的,不会攀附的品性。

学生回答预设3:我认为"出淤泥而不染,濯清涟而不妖"和"亭亭净植""可远观而不可亵玩焉"也表现出了莲花的品性。它能做到不与世俗同流合污,保持自己的品性,高洁而美好。

学生回答预设4:我认为周敦颐喜欢莲花,还在于莲花是花中的君子。

教师:大家的回答都不错,老师在这里想强调一下,探究人物对某一事物的喜爱,不要只停留在事物的表面。托物言志,往往是作者的本意。

交流对应的分问题:

| 为什么作者开篇不直接写莲花? | 莲花是本文的主要写作对象,其他事物的出现应该是起到衬托或对比的作用。
对于开篇内容的研读还要考虑结构间的关系。 |

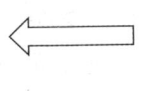

学生回答预设1:作者开篇写道"水陆草木之花,可爱者甚蕃"是要表明"莲花"十分的可爱。牡丹和菊花是为了对莲花进行衬托。

学生回答预设2:我认为开篇的牡丹、菊花还不是在衬托,因为作者并没有对这两种花进行介绍,而是说"晋陶渊明独爱菊。自李唐来,世人甚爱牡丹。"作者是要用陶渊明的爱菊和世人的爱牡丹引出作者对莲花的喜爱。而结尾段的对菊花和牡丹的议论才是在衬托莲花。

教师:作者为了更好地凸显自己文章的主角的时候,会使用一些写作手法,如:对比、衬托等,这些手法的使用往往能更好地彰显出所要描写对象的特点。

| 为什么结尾最后才提到"牡丹之爱,宜乎众矣",而不是按照第一段的顺序进行表述? | 解决此问题可以从两方面进行思考:一篇文章的写作顺序的安排,往往取决于作者的写作目的;另一方面就是段落结构之间的前后呼应。 |

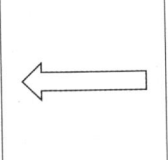

学生回答预设1:结合前两句看,我们可以知道喜欢菊花和莲花的人都是少之又少,而对牡丹的喜爱则有很多,这样根据相同点,自然要把"牡丹之爱,宜乎众矣"放在最后。

学生回答预设2:就这句话本身来看,表达了作者的一种慨叹,带有明显的遗憾;除此之外,也是对"莲之爱,同予者何人"的一种解释吧。

教师:同学们刚才各抒己见,有理有据,真是让我看到了大家阅读的认真,思考的深入。不过,我们的看法还没有达成共识,让我们借助小组讨论再来发挥我们的集体智慧,将问题分析得更透彻一些,更全面一些。

教师:段落顺叙的安排有些时候是按照一定的写作顺序进行,如:时间顺序,事物发展的先后顺序;也有些是按照文中某个段落确定好的先后顺序,依次对应地进行。大家可以从这些方面再考虑一下。

第六步:小组补充、完善答案。

小组成员将同学们出现的分歧和把握不准的问题进一步进行探讨,从而完善回答,找出一些阅读规律或强化积累。组代表进行整理。

教师:各小组经过热烈的研讨,相信大家都有了更加深入的理解,下面让我们来听听各组组代表整理完善后的答案。

第七步:小组组代表展示交流答案。

对文言翻译的处理。

学生回答预设:我们小组主要交流一下刚才翻译过程中存在的不太明确的问题。首先对于"予独爱莲之出淤泥而不染"中"之"的解释,其实这句话可以这样断句"予独爱//莲之出淤泥//而不染",从断句来看,"之"字位于莲和出之间,在语法结构上看,属于主谓之间,作为助词使用,主要是起到取消句子独立性的作用。因而不用翻译。

再说"蔓"和"枝",这两个词本身从词性看属于名词,但名词在文言中可以进行转化,因此这两词属于词类活用,应该翻译为"生枝蔓""生枝叶"。

对主问题的归纳整理。

学生回答预设:在这个问题上,我们组认为大家基本上已经谈得比较全面了。我们再做一点归纳、补充:我们组认为,周敦颐之所以喜欢莲花,首先,源于莲花的美丽的外表,淡雅的香气;其次,是莲花身上散发出来的那种不与世俗合污,高洁雅致,正直端庄,洁身自好的良好品性;第三,在于莲花在周敦颐眼中就是君子的象征,周敦颐希望自己像君子一样,做到正直无私、洁身自好,不与世俗同流合污。

对分问题的整理归纳。

我们小组主要想对本文结尾写菊花和牡丹的用意进行一下补充,作者写菊花是在正面衬托,写牡丹则是反面衬托。

第八步:教师评价,确认答案。

经过刚才的研讨,我们基本上已经解决了最初的困惑,最后老师想对以上问题进行一下总结:首先,将文言文语句翻译成现代汉语,除了需要掌握必要的文言知识之外,最应该关注的是语境。其次,对于原因问题的探究,应该先关注针对"谁",再关注文章的主题,要有一种由表及里的思考方式。

第三,老师想提醒大家的是,文章主要陈述对象之外的内容,一定也是为文章的"主角"服务的。我们需要明确他们与"主角"之间的关系。

课堂总结

对于文言文的学习,我们首先是要将古代的文字翻译成现代汉语,翻译的方法重点是解决词语的方法,实词我们可以采用组词法;虚词可以借助古汉语词典结合有关语法进行翻译;翻译时语境意识尤为重要。

本文的内容比较好理解,首先应该从题目读起,就本文题目而言,它交代了本文的写作对象,以及作者的情感。本文的写作对象为"莲",是对物的描写,对于写物的文章,我们必须要了解物的特征,这还不够,从文体上来看,这篇文章并不是一篇说明文,因此这类文章往往会使用到一种手法,即借物喻人或是托物言志。文章的主题必然要彰显作者的人生追求,或是人生志向,只有读出这些才算真正读懂了文章。

这篇文章主要使用了描写和议论的表达方式,描写使"莲"这一形象,生动地展示在读者眼前,而议论则表明了作者的看法,突显了本文的主旨。

最后,老师还要提醒大家,文言文阅读重在积累,大家一定要学会分类积累。

【板书设计】

文言文阅读

疏通文意是基础　语法语境要关注
理解内容题目起　主角确定目的明
文体样式要分清　多种手法需辨明

【智慧训练】

阅读《马说》,完成以下练习。

世有伯乐,然后有千里马。千里马常有,而伯乐不常有。故虽有名马,祇(zhǐ)辱于奴隶人之手,骈(pián)死于槽(cáo)枥(lì)之间,不以千里称也。马之千里者,一食(shí)或尽粟(sù)一石(dàn)。食(sì)马者不知其能千里而食(sì)也。是马也,虽有千里之能,食(shí)不饱,力不足,才美不外见(xiàn),且欲与常马等不可得,安求其能千里也?策之不以其道,食(sì)之不能尽其材,鸣之而不能通其意,执策而临之,曰:"天下无马!"呜呼!其真无马邪(yé)？其真不知马也。

1. 解释语句中加点的词语。

食马者不知其能千里而食也：

执策而临之：

2. 用现代汉语翻译下列语句。

不以千里称也：

其真无马耶？

3. 找出千里马遭遇的语句和千里马被埋没原因的句子。

4. 本文结尾写到"其真无马耶？其真不知马也"，思考作者想表达什么？

附　答案示例

1. 食：同饲，喂养　临：面对

2. 不以千里称也：不能获得千里马的称号。

其真无马耶：难道果真没有千里马吗？

3. 千里马遭遇的句子：

祗辱于奴隶人之手，骈死于槽枥之间。

千里马被埋没的原因句子：

食不饱，力不足，才美不外见。

4. 结尾的自问自答，表达了作者的感慨。作者以千里马不遇伯乐比喻贤才不遇明主，慨叹统治者不能识别人才，重用人才，却还大呼天下没有人才，表达了作者的愤懑不平，并对统治者埋没、摧残人才进行了讽刺和控诉。

（编写　强海朋）

伤仲永

【内涵释义】

课标对初中文言文阅读的规定是"阅读浅易文言文，能借助注释和工具书阅读浅显容易的文言文，并理解基本内容"。"浅易"是指根据初中学生掌握的文言词汇,凭借文言语感,能够把选文读通读懂;理解基本内容是指对文本所写内容能够做出正确的分析、判断,或者是品味、鉴赏、拓展等。

【引领读悟】

以《伤仲永》为例,落实本点。

学习准备

学生已经会使用学习文言文必备的《古汉语常用字字典》。对文言文的重要知识点:重点实词、虚词,通假字,一词多义,古今异义,词类活用,特殊句式有了一定积累。会运用翻译文言文的方法和理解文言内容的方法:在诵读基础上,从题目切入,抓住关键词句、表达方式、材料详略安排等方面进行品悟。

导入新课

教师:"吾生也有涯,而知也无涯。"这句千古名言,一语道破了"活到老,学到老"的真谛。它告诉我们,一个人只有不断学习、终生学习,才能与时俱进,成为顺应时代的有用之才。反之,如果你不进行学习,不接受教育,哪怕你是一个神童、一个天才,也会随着时间的流逝,变为一个庸才、甚至蠢材。今天我们要学习的课文《伤仲永》(板书课题)里的主人公方仲永,就是这样一个典型的例证。在学习新课之前,先让我们看看本节课的学习目标。

叙述目标

首先借助注释和工具书自主阅读,然后进行小组合作学习,积累文言文重点词语、句式及理解文言语句的经验和方法。然后通过小组探究和教师指导的方式,理解文章的基本内容和主旨。最后通过探讨方仲永由天才变成普通人的原因,理解天才出自勤奋的道理。

阅读渐进引领

第一步:学生自读文本,整体感知文章,明确积累内容。

教师:请同学们打开课文,先大声朗读,再同桌互读,圈画出自己不认识的生字和不理解的词语,并摘录自己认为应该积累的词句段。然后借助课文下面的注释和《古汉语常用字字典》在四人小组内互教互学,并将小组内不懂之处标出来,最后小组派学生代表发言。

学生回答预设1:"宾客其父"中的"宾客""利其然"中的"利""即书诗四句"中的"书""环谒于邑人"中的"环谒"我们对这些词不理解。

学生回答预设2:"邑人奇之,稍稍宾客其父,或以钱币乞之""父利其然也,日扳仲永环谒于邑人,不使学""其受之天也,贤于才人远矣。卒之为众人,则其受于人者不至也"我们对这三句话不理解。

学生回答预设3:本文为什么详写方仲永才能初露时的情形?最后一段的议论讲了什么道理?

第二步:进入问题解决。

教师:综合各组提出的问题,老师将问题分类整理,大致分为以下三类。

第一类,不懂的文言词语;第二类,不懂的文言句子;第三类,对课文内容、主旨的不理解。下面我们来研讨第一类问题,如何理解本课文言实词和虚词。首先通过朗读来熟悉语境,为理解词语做好铺垫。接下来借助书下注释理解,还理解不了的借助工具书并结合语境进行推断。最后对文言实词和虚词进行归类。

请同学们自由朗读课文,自主学习积累应准确认读的字音、语句的停顿。	←	朗读指导:读准字音、找准停顿、拿准语调、读出语气。

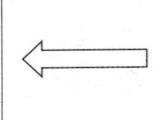

学生回答预设1:

准确认读下列字的读音"隶(lì)扳(pān)谒(yè)泯(mǐn)称(chèn)卒(zú)"。

学生回答预设2:

朗读时注意下列语句的停顿。

①仲永/生五年。②未尝/识书具,忽/啼求之。

③借旁近/与之,即/书诗四句,并/自为其名。

④其诗/以养父母、收族为意。

⑤自是/指物作诗/立就,其文理/皆有/可观者⑥传/一乡秀才/观之。

⑦父/利其然也,日扳仲永/环谒于邑人。　　⑧余闻之也/久。

⑨其/受之天也,贤于材人/远矣。

教师点拨:朗读时还要读出对仲永的哀叹惋惜的语气和语调。

指名朗读全文。

教师:这位同学朗读得很好,在此基础上更有助于我们理解本文的词语。现在我们来理解本课的重点实词和虚词。

理解本课重点实词"养、扳、一乡、或、邑人、从、卒、贤、且、故""异、宾客、利、伤、书、日"等和虚词"之""于"。

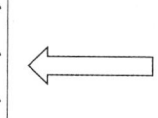

理解词语首先要关注单音节与双音节的对译,还要利用联想推断法、结构对照推断法、语法位置推断法、语境照应推断法理解本课的实词与虚词。

学生默读课文独立思考,借助工具书个体准备答案。

教师组织学生抢答这些词的词义,并记分数,进行表扬。

学生回答预设1:

"养父母"的"养"是赡养的意思,"从先人还家"的"从"是听从的意思,"且为众人"的"且"是尚且的意思。

教师指导点拨:这位同学利用单音节和双音节对译的方法理解词语,但是"从先人还家"的"从"理解为听从是不对的,结合语境"先人还家"是"前辈回家"是跟随着前辈一起回家,所以应理解为"跟从"。

教师再指定学生个别展示。

学生回答预设2:

"或以钱币乞之"中的"或"是"有的人"的意思,"邑人"是"同县的人","前时之闻"是"以前听到的名声","固众人"中的"固"是"本来"的意思,"卒之为众人"中的"卒"是"最终","众"是"普通"的意思;"如此之贤也"中的"贤"是"(有)才能"的意思。

教师点拨:这位同学结合语境利用联想推断法理解这几个词语的意思,我们还要结合结构对照法和语法位置推断法理解下面词类活用的词语,比如我们学过"渔人甚异之"中的"异"是"感到奇异"的意思,根据结构特点理解"邑人奇之""利其然"。

学生回答预设3:

"邑人奇之"中的"奇"是"奇怪"的意思,"利其然"中的"利"是"以……为利"的意思,"宾客其父"中的"宾客"是"把……当作宾客"的意思,"伤仲永"中的"伤"是"哀伤、感伤"的意思,"即书诗四句"中的"书"是"书信"的意思。

教师点拨:"即书诗四句"中的"书"不是"书信"的意思。"诗四句"是"四句诗"的意思,是个名词性短语根据语法位置推断法,它前面的"书"应该是动词,理解为"写"或"书写"更恰当。

教师再指定学生个别展示。

学生回答预设4:

"日扳仲永"中的"扳"通"攀",是"拉"的意思,为动词,它前面如果不是行为动作的发出者,就应该是对它起修饰作用的,所以我理解"日"是"每天"的意思。

教师:这位同学回答得很好。下面我们表扬得分最多的同学,大家要向他们学习!接下来我们结合语境和到目前为止学过的"之""于"用法,进行联想,理解文中的词义。

学生回答预设五:

之
- 忽啼求之　它,指书具,代词。
- 借旁近与之　他,指仲永,代词。
- 余闻之也久　这事,代词。
- 不能称前时之闻　的,助词。
- 卒之为众人　语气助词,不译。

于
- 环谒于邑人　到,介词。
- 于舅家见之　在,介词。
- 贤于材人远矣　比,介词。
- 受于人者不至　从,介词。

教师:我们理解了本课重点词语,解决了同学们第一类问题。现在我们解决第二类问题,疏通文意,理解翻译不懂的文言句子。翻译句子时要关注有文言语法现象的句子,尤其是特殊句式。请同学们默读课文,根据我们上面对词语的理解,将课文翻译成现代白话文,并将不懂之处标出来,然后四人小组讨论交流,最后小组派学生代表发言。

> 根据我们上面对词语的理解,如何将课文翻译成现代白话文呢?

> 采用对译法,按照原文的词语、词序和句式,逐字逐句地翻译,要求字字落实要对应。翻译时要注意使用"留、换、补、删、调、换、贯"的方法。语句翻译完成后,再回头查一遍,看看有无漏译,语句是否通顺。

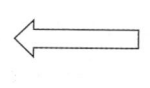

每组选一名代表,口头翻译课文。第一段由第一小组选代表翻译,本组成员补充;第二小组成员质疑、评价。第二段由第二小组选代表翻译,本组成员补充;第一小组成员质疑、评价。第三段再由第一小组第二名代表翻译,依次类推;然后小组记分,表扬得分高的组。

教师点拨思考方向、重点及相关注意事项:翻译时要准确译出关键词。关键词是指那些在句中有关键意义,解释通常与现在汉语不同的或有多个义项的词语,以动词居多,形容词、名词次之。还要准确译出特殊句式。首先,准确、快速地识别与判断。既要熟练掌握几种主要特殊句式的特点和语言标志,更要联系语境看句子性质。其次,要遵循一定的翻译格式。如判断句要译成"……是……"的表达形式,倒装句要将倒装的成分恢复到规定的位置上去,还要特别关注省略句和固定结构。如下面的这些句子(投影展示):

①"不使学"省略句,省略了宾语,即"不使(之)学":不让(仲永)学习。

②"还自扬州"倒装句,正确的语序是"自扬州还":从扬州回家。

③"受之天也"省略句,省略了介词,即"受之(于)天":从上天那里得到或上天赋予的。

教师:我们已经解决了同学们提出的前两个问题,现在解决第三个问题。对文章内容和主旨的理解。无论现代文还是文言文,对于文章内容和主旨的理解首先要关注标题,从解题入手。本文是一篇随笔。随笔是散文的一种,即随手笔录的文字,不拘一格,形式自由。古代随笔常借一件事来抒发作者的情感或阐述某种观点。其特点是短小活泼、意境隽永。谁能说说题目"伤仲永"的"伤"是什么意思? 王安石哀叹方仲永什么呢?

学生个别回答:哀伤,叹息。表达了作者的感情。叹息仲永由一个天才变成一个普通人,"泯然众人"。

教师抛出第三类问题:

> 请一位同学复述第一、二段的内容。思考:方仲永的变化经历了几个阶段?各有什么特点?其原因是什么?课文是怎样叙述的?

> 先结合方仲永不同年龄阶段划分层次,抓住不同阶段关键词句体会其特点,进而分析事物发展阶段的因果关系。

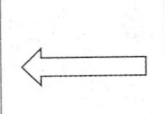

学生个体思考,自己准备答案(要求:聚精会神刻苦思考,静心作答)。

师友互助学习,学友先说自己划分层次情况,互相订正。师友不能解决的问题,小组内交流。

教师指定个体展示答案(3—5人)

学生回答预设1:

方仲永的变化经历了三个阶段。第一阶段是"仲永生五年……其文理皆有可观者",很聪明,具有作诗才能。第二阶段是"十二三矣,令作诗,不能称前时之闻",才能衰退,大不如前。第三阶段从"又七年……泯然众人矣",完全变成了一个普通人。原因是没有继续努力学习。

学生回答预设2:方仲永的变化经历了三个阶段,有幼年时期,才思敏捷,天赋极高——如五岁时就"啼哭求之","书诗为名","指物作诗立就","文理可观"等。②少年时期,才思衰退,大不如前——"不能称前时之闻"。③青年时期,才思平庸,与众无异——"泯然众人矣"。从方仲永个人情况来看,原因是"父利其然也,日扳仲永环谒于邑人,不使学";从道理上来说,原因是作者在后面的议论中所认为的那样,方仲永"卒之为众人",是因为"受于人者不至也",即后天教育没有跟上。写仲永年少时天资聪慧,以"闻"的形式写;仲永十二三岁才思"不能称前时之闻",以"见"的形式;写方仲永最终平庸无奇,又以"闻"的形式。

教师评价点拨:两种答案都有自己的道理,不过第一种是以提纲的形式进行概括的,第二种情况既有提纲,也有内容解释,这种概括内容具体,比较清晰。希望大家都采用第二种情况。

教师：作者王安石为什么要哀叹仲永这些变化呢？

> 题目是《伤仲永》，但全文从头到尾没有一个"伤"字。试问：题目改为《记仲永》《方仲永》行不行？

> 先比较"伤"字与"记"表达意思上的区别，再体会作者真正赋予文学作品中人物姓氏与否的意图。

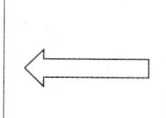

师友互助，学友先说自己的理由，学师订正。师友不能解决的问题，小组内交流。

教师指定个体展示答案（3—5人）。

学生回答预设1：

作者为了突出情感"伤"，方仲永的结局让人感伤惋惜，以"记仲永""方仲永"为题就不能突出情感了。

学生回答预设2：以"伤仲永"为题，流露着作者对一个神童最终"泯然众人"这一事件的惋惜，对方仲永本人的结局感到悲哀，对有天赋却没有受到良好教育的人的悲伤。再有"方仲永"指的是具体一个人，"仲永"不加姓氏代表着一类人，代表着像仲永一样，少有才能，不学习，终成为普通人的一类人。

教师小结：文章以"伤仲永"为题，写的是可"伤"之事，说的是何以可"伤"的道理，字里行间流露着作者对一个神童最终"泯然众人矣"的惋惜之情，对"受之天"而"受于人者不至"者的哀伤之情，并以鲜明的态度表明观点，这是借事说理的方法。再有"方仲永"指的是具体一个人，"仲永"不加姓氏代表着有天赋却没有受到良好的教育的一类人，更具有典型性。

作者认为方仲永才能衰退的原因是"受于人者不至"，即后天的学习和教育没有达到要求，并由此引发天赋不如仲永之人如果不注重后天教育，结果将更不可设想的感慨。你同意作者的这种看法吗？说说你的人才观。

教师点拨：请同学们畅所欲言，可以有不同的见解。只要观点是从本文中提炼出来的，中心明确，语言流畅即可。可以从仲永自身的角度谈，也可以从仲永的父亲的角度谈，还可以联系实际来谈。

学生分组讨论。

教师指定个体展示答案(3—5人)。

学生回答预设1：

人们的智力发展存在着某些差异，但这不是起决定作用的因素，起决定作用的是后天的教育、学习。从客观上讲，发现人才是重要的，但培养人才更为重要。确实应该重视对青少年的教育、培养。那些青少年高科技犯罪(电脑黑客)的案例带给我们的教训应该是深刻的。

学生回答预设2：后天教育对一个人能否成才是至关重要的，但仅有后天教育是不够的，还需要人自身的努力，即勤奋。勤奋是点燃智慧的火把，勤奋即成功，看古今中外，凡有建树者，在其历史的每一页上，无不都用辛勤的汗水写着一个闪光的大字——"勤"。马克思，辛苦40年写就《资本论》；司马迁，足遍天下，写就《史记》；歌德，耗时58年，著有《浮士德》；数学家陈景润，通宵达旦研究取得了震惊世界的成就；上海女青年曹南薇，十年如一日学习，终于考上了高能物理研究生……

学生回答预设3：我们应该为天才的成长营造怎样的环境？文中邑人惊奇于方仲永的天才，因此，对他"世隶耕"的父亲的态度也有了转变，"宾客其父"。仲永的父亲呢，"日扳仲永环谒于邑人"。是世人的吹捧扼杀了仲永的才能。这让我想起了时下走红的少年作家群体，轰动2000年的"韩寒现象"。该如何看待"少年作家"这一现象？该为他们的成长营造一个怎样的环境？有人认为这是一个自信而有才情的文坛新生代，天赋才情、勤勉劳作是他们成功的最要紧的因素；有人劝勉他们不要因才高而迷失自我；有人认为对待少年天才应多一些理性，少一些捧杀，要为他们的健康成长提供良好的环境和切实的帮助。

学生回答预设4：成功的要素是多方面的，有天赋，有后天教育，有主观努力，三者缺一不可。勤出智慧，勤能补拙。白痴天才舟舟、英国首相丘吉尔、古希腊演说家德摩斯梯尼就是活生生的例子。实践证明，一个人才能的高低、知识的多寡关键在于勤奋的程度。懒惰者，永远不会使自己变得聪明起来，永远不会在事业上有所建树。

教师总结：大家谈得都很好，有对作者观点的认可，也有对文章所蕴含的道理做进一步的引申，引经据典，有理有据。如能课后精心整理，相信一篇篇佳作将会脱颖而出。

第三步:再读课文,读出新的认识,新的感受,说一说,写一写。

请同学们仔细品读课文,圈画出文章中的美点,体味其妙处。 ← 文章的美点可以从选材组材、表达方式、用词的精当传神、表现手法、情感等方面选取体味。

学生默读课文,结合教师点拨,圈画自己认为最美的点并进行标注。

师友互助,学友先说自己体会,学师订正。师友不能解决的问题,小组内交流。

教师点拨:方仲永才能发展变化的三个阶段,哪个阶段写得详细?这样安排详略有什么好处?课文每段表达方式上有什么特点?词句理解要从写了什么,要表现什么角度体会其妙处。

学生个体思考,自己准备答案(要求:聚精会神刻苦思考,静心作答)。

教师指定个体展示答案(3—5人)。

小组讨论归纳答案。

指定组代表展示本组归纳的答案。

学生回答预设1:在选材组材上,课文采用"闻""见""闻"的方式依次写了方仲永才能发展变化的三个阶段,真实可信,有说服力。详写第一个片段,铺陈方仲永才能初露的情形,突出方仲永幼年聪慧,是可塑之才,有发展潜力,暗示其前途无量,为后面的写其父"利其然"之举却导致他的才能衰退作下铺垫,突出"伤"的前提;写其父贪利之举,点明"伤"的原因;略写后两个片段,几笔点出方仲永沦落平庸的情形,引人深思,点明"伤"的内容。这样处理,内容集中并且鲜明地体现了"伤"的含义。

学生回答预设2:本文先叙述后说理,借事说理。叙事平实,说理自然,叙是议的依托,议是叙的深化,说服力强,引人深思。这种写法值得我们初学写作者借鉴。先扬后抑,以巨大的反差给人强烈的心理冲击,产生"理不讲而自明"的艺术效果。

学生回答预设3:一个"啼"字,生动地写出了方仲永索求书具的儿童情态;"忽""即""立"三个副词,使一个天资非凡、文思敏捷的神童形象跃然纸上;"父利其然也,日扳仲永环谒于邑人,不使学"中一个"利"字,写出其父贪求钱财、目光短浅的性格,"环谒"概括了其父求财的可鄙行为,"不使学"三个字,看似平淡,却为方仲永的"泯然于众"埋下伏笔,点出方仲永命运变化的关键,暗含对其父做法的否定。仅一句话就刻画出方仲永之父贪图小利而自得的可悲可叹的愚昧无知之态;用极其凝练的笔墨,揭示了仲永才能衰退、天资尽丧的一大原因。

学生回答预设4:事理结合是本文的显著特点,但情感的流露也为本文增色不少。字里行间流露出作者对一个神童最终"泯然众人"的惋惜之情,对"受之天"而"受于人者不至"者的哀伤之情。

教师评价点拨:文章文理并茂。刚才我们品读课文,赏析文章的美点,它为我们写作提供了极好的范例。让事实本身说话,用生活的本色感染读者,动之以叙,晓之以事。平淡叙事却能发人深省,不借题发挥也会催人泪下,这便是《伤仲永》的魅力所在。

课堂总结

学生谈谈这堂课我们的收获。

教师小结:采用"读、问、讨、练"的方法学习文言文,积累文言知识;翻译句子时要准确译出关键词,译出特殊句式并利用语境推断破解翻译难点;理解课文内容时,要通过抓住关键词语、句子,揣摩精当的语言,体会到作者寓"伤"于叙、寓"伤"于比、寓"伤"于叹、寓"伤"于思的巧妙表达;品析借事说理的写法,探讨方仲永由天才变成普通人的原因,懂得天才出自勤奋的道理。同时,仲永的悲剧也给我们留下了深深的思考,天才需要呵护,天才也需要勤奋。只要我们勤于学习,就一定能通过艰苦的劳动取得事业上的巨大成就。

【板书设计】

伤仲永

王安石

叙述经历
- 幼年天资聪慧：异奇（忽啼求即书诗立就）
- （利环谒不使学）
- 少年才能衰退：不能称前时之闻
- 青年沦为庸人：泯然众人

议论原因　　受于人者不至

【智慧训练】

阅读下面一段文字，完成文后各题。

孟母教子勤学

自孟子之少也，既学而归，孟母方绩，问曰："学所至矣？"孟子曰："自若也。"孟母以刀断其织。孟子惧而问其故，孟母曰："子之废学，若吾断斯织也。夫君子学以立名，问则广知，是以居则安宁，动则远害。今而废之，是不免于厮役而无以离于祸患也。何以异于织绩而食，中道废而不为，宁能衣其夫子而长不乏粮食哉？女则废其所食，男则堕于修德，不为窃盗，则为虏役矣。"孟子惧，旦夕勤学不息，师事子思，遂成天下之名儒。君子谓孟母知为人母之道矣。

（选自刘向《列女传》）

1. 找出文中的一个通假字，并解释：_____

2. 翻译下列各句：

①夫君子学以立名，问则广知。

②是以居则安宁，动则远害。

③宁能衣其夫子而长不乏粮食哉？

④旦夕勤学不息，师事子思。

3. 下列说法不正确的两项是（　　）。

A 孟母说理主要运用了比喻的方法，用"以刀断其织"来比喻"学习"。

B 孟母教诲孟子的主要道理是学习要取得成就，必须要有恒心，坚持不懈。

C 孟母的话语里也流露出其轻视劳动者的思想,是应该批判的。

D 孟子能听从教诲、知错就改,是这段文字的主旨所在。

附 参考答案

1. 男则堕于修德("堕"通"惰",懈怠)
2. ①君子勤学以树立名声,好问以增加学识。
②因此平素居家才可以安宁稳妥,外出才可以不招致祸患。
③哪能使她的丈夫和儿子有衣服穿并且长期不缺乏粮食呢?
④朝夕勤学不懈怠,师从子思学习。
3. A、D(孟母说理主要运用了类比说理的方法,把"学习知识"和"纺线织布"进行类比,把深奥的道理浅显化。本段的主旨句应为"君子谓孟母知为人母之道矣",赞颂孟子之母深明大义,善于教子。)

(编写 李丽辉)

为学

【内涵释义】

文言是中国古代的书面语言,文言文是指用文言写成的文章。文言文作为一种定型化的书面语言,沿用了两三千年,从先秦诸子、两汉辞赋、史传散文,到唐宋古文、明清八股……都属于文言文的范围。它是现代汉语的源头。

初中阶段的文言文阅读相对来说比较浅显易懂,以理解文章中重点词句和文章基本内容为主。

文言文翻译应以直译为主,同时兼顾语义通畅的意译。

【引领读悟】

以《为学》为例落实本点。

学习准备

文言知识及阅读经验积累。

文言文中大多是单音节词,现代汉语中双音节词居多。词义没有发生变化的单音节文言词,直接译成现代汉语的双音节词就可以了。词义有变化的按现代汉语的习惯译成相应的双音节词。古代汉语中常见的文言句式是它有别于现代汉语的重要特征。文言句式可分两类,一类是特殊句式,即判断句、被动句、省略句、倒装句。另一类是由个别虚词构成,在文言中有固定用法,称为固定句式。特殊句式要分清类型,固定句式要了然于心。理解文言文的内容与理解现代文内容的方法基本相同。

关于《为学》一文的阅读准备。

汉字读音和意义之间的关联。汉字是音形意的结合体,同一个字形,由于读音不同,表达的意思也就不相同。在阅读文言文时,尤其要重视这种现象,用以区分同一个汉字的不同词义或不同词性。"语境"与阅读文本的关系。"语境"即语言环境。对于文本而言,是指作者或文中人物在叙述、议论或说话时,所处的状况和状态。包括时间、场合、地点等因素,也包括表达的前言后语和上下文。同样一个词语、句子,在不同的语境中,表达的意思可能不同,这时就要依据具体的语境做出准确的理解。同样一个意思,既可以用主动句,也可以用被动句,哪种句子效果好要由语境决定。一个句子,表达的可能只是很简单的字面上的意义,也可能是一种深层的含义,或言外之意,必须结合具体的语境,透过字面所表达的意义去深入理解。阅读文本,要善于依据一定的语境准确理解语言在特定的语境中的意义。

导入新课

同学们,这节课,我们来学习一篇文言短文《为学》。据我所知,这篇文章涉及一个"蜀鄙之僧"的故事。知道的同学可否讲述一下大致内容?

学生讲述,教师根据情况导引。

教师:同学们对这个故事的内容还是有一定了解的。那么,我们能否从这个故事中悟出深意呢?请看我们本节课的学习目标。

叙述目标

教师:本节课,我们将通过理解文章中的重点词句,积累理解文言词句的经验和方法;通过对文言重点词语和句式的学习,感悟作者蕴含在文章中的情感态度;还要通过由表及里、由点到面的分析,理解作者的写作目的,进而明确"为学之道"。

引领读悟:议论文　文言文　名著　>>>

阅读渐进引领

第一步:学生读文本,整体感知文章,明确积累内容。

教师:请同学们打开课文,先自己大声朗读,再同桌互读,划出自己最喜欢的词语、句子和读不懂的内容,对文章进行整体感知。

学生齐读、同桌读,注意朗读的语气和停顿节奏。

学生说出自己喜欢的词语或句子,并阐明理由。

学生回答预设1:我喜欢"天下事有难易乎？为之,则难者亦易矣;不为,则易者亦难矣"。这句话让我明白了一个道理——不管是什么事,做了,难事会变得容易;不做,容易的事也会变成难事。

学生回答预设2:我喜欢"西蜀之去南海,不知几千里也"。我觉得这句读起来很有文言文的味道。

学生回答预设3:我喜欢"富者有惭色"。从这句话中我能感受到富者的想法。

第二步:进入问题解决。

学生在小组内交流自己的困惑,以组为单位将问题分类整理,之后各组汇报问题分类情况。

学生提出问题分类预设。

第一类:不懂的文言词语。

人之为学。蜀之鄙有二僧。吾欲之南海。吾数年来欲买舟而下。越明年。西蜀之去南海。顾不如蜀鄙之僧。是故聪与敏可恃而不可恃。

第二类:不懂的文言句子。

以告富者,富者有惭色。聪与敏,可恃而不可恃也;自恃其聪与敏而不学者,自败者也。昏与庸,可限而不可限也;不自限其昏与庸而力学不倦者,自力者也。

第三类:不理解的内容。

为什么要写这个小故事？

故事后边的内容有什么用呢？

教师:(抛出问题)同学们提出的问题很多,总结起来,大致分成三类。下面,我们来研讨第一类问题,理解文言词语。

教师针对第一类问题指导点拨方法:对于文言词语的理解,我们可以借助工具书,可以借助书下注释。最重要的我们还要学会结合语境去理解。

请同学们以下面句子为例,通过多种途径解释加点词语。

教师出示重点文言词语:

人之为学。蜀之鄙有二僧。吾欲之南海。吾欲买舟而下。越明年。西蜀之去南海。顾不如蜀鄙之僧。是故聪与敏。

学生静心独立思考。

独立思考之后,在书上简单标注。再以组为单位,结合语境解释加点词语。然后用工具书或书下注解进行检验,以确定答案。最后总结结合语境解释文言词语的方法,准备汇报学习成果。

小组代表展示答案,全班交流。

学生回答预设1:人之为学:做。结合第一段"为之则难者亦易矣"。蜀之鄙有二僧:边境。明确字源,结合语境。

学生回答预设2:吾欲之南海:的。因为以前学的"之"大都翻译成"的"。

学生回答预设3:吾欲之南海:去。根据"之"前后的两个词语,判断"之"为动词。

学生回答预设4:西蜀之去南海:到。根据此句中"西蜀""南海"两个地名推断该字是"到"的意思。

学生回答预设5:西蜀之去南海:距离。根据此句后面的句子"不知几千里也"推断本句写的是西蜀到南海的"距离"。

学生回答预设6:顾不如蜀鄙之僧:反而。根据表达的语气。

学生回答预设7:是故聪与敏:因此。根据前后语句的句间关系。

学生回答预设8:是故聪与敏:因为。因为这个词后边是在表述原因。

教师针对预设具体指导:预设2缺乏语境意识,只是机械地运用以往的积累。预设4只注意了词语所在的本句而忽略了与之相关联的下句。预设8则只考虑与该词相关联的下文,忽视了上文的内容。结合语境解释文言词语,既要考虑这个文言词语所在的语句的意思,还要考虑与之相连的上下句、上下文的内容、语气。有时还要考虑整篇文章的内容和作者的写作目的。

学生根据教师的指导纠错,改正,明确正确答案。

教师针对第二类问题指导点拨方法:文言语句翻译成现代汉语需要把单音节的词变成双音节词。人名、地名、官名、时间等不用转换。除此之外,还要关注省略句、判断句、倒装句、被动句等特殊句式。

教师根据学情指导学生结合语境准确理解句意。例句为"以告富者"。

教师提示方法:翻译文言语句,首先要关注单音节与双音节的对译,还要运用语法知识考虑译句的成分是否齐全,最后还要思考译句是否通顺、明确。

学生回答预设1:译为"来告诉富有的人"。

学生回答预设2:译为"告诉富者"。

教师针对预设具体指导:要明晰文言文翻译原则。文言单音词要翻译成现代汉语双音节词,所以"富者"要翻译成"富有的人";文言翻译还要求语义明确,所以"富有的人"最好表述为"富和尚";文言翻译以对译为主,所以"以告富者"的"以"不能随意丢弃或不翻译;文言翻译也必须考虑语境,结合下句"富者有惭色",可知贫者是把自己去南海的经历告诉了富和尚,所以"以"应该翻译成"把",原句为省略句,翻译时须补充相关内容。

教师从学生的困惑中梳理出一个主问题进行探讨:

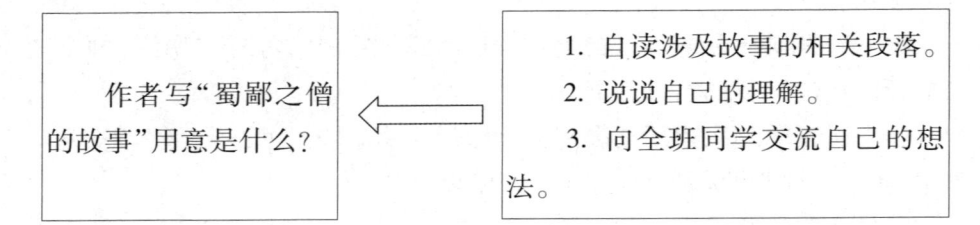

作者写"蜀鄙之僧的故事"用意是什么?	←	1. 自读涉及故事的相关段落。 2. 说说自己的理解。 3. 向全班同学交流自己的想法。

学生思考结果预设:学生的视野可能会局限于故事本身,感受更多的是"有志者事竟成""坚持才能成功"等等。

第三步:教师指导点拨。

教师指导点拨思考方向:分析问题,首先要学会"由表及里"分析的方法。所谓"表"是指词语、句子字面意思。但是,不论是词语的理解还是句子的翻译或是文章内容的理解,都不能只停留在表层思考。而是必须结合文章语境或写作背景进行揣摩和体验,这就是深层思考。这样,才能理清文脉,抓住重点,得出准确的结论。

教师抛出分问题一(引导由表及里进行思考)。

要想解答同学们心中的疑惑,我们需要共同思考、探究一个问题。请同学们打开课文,再次大声朗读关于"蜀鄙之僧"故事的相关内容,然后思考:

蜀鄙二僧最本质的区别是什么?结合文中语句具体说明。

学生独立思考,个体准备答案。

教师指定学生个体展示答案。

学生回答预设1:从"其一贫其一富"可以看出两个和尚一穷一富。

学生回答预设2:从"吾一瓶一钵足矣""吾数年来欲买舟而下,犹未能也"可以看出他们凭借的方式不同,条件不同。

学生回答预设3:从"越明年,贫者自南海还。以告富者,富者有惭色"可以看出他们一个成功到达南海又回来,一个没去成。

教师针对预设具体指导:问题的深入探究源于由表及里的思考。同学们抓的这些信息都对,不过这些信息是每一个读过这个故事的人一眼就能知道的信息。同学们可以从人物对话入手,深入分析人物思想认识的不同,进而理解蜀鄙之僧的故事寓意。

透过这些文字,尤其是故事中的人物对话描写,我们感受到人物怎样不同的思想认识和精神世界呢?下面,我们通过分角色朗读的方式进行深入探究。

教师提示相关注意和要求:分角色朗读时要认真体会人物的心理。要求吐字清晰,声音、语气恰当。朗读结束后就语气、情感的到位程度进行评点。

学生分组进行朗读,读出认识,读出感受。

教师抛出重点练习的语句:富僧在和贫僧对话的过程中,说了两次"子何恃而往"。这两处的"子何恃而往"应该读出怎样的语气?为什么?

教师指定学生个体展示答案。

学生回答预设1:读出疑惑和诧异的语气。富者认为要想去南海必须得凭借点什么。

学生回答预设2:读出否定语气,因为富者觉得不可能什么都不凭借就能完成这件事。读出嘲讽的语气,富者觉得贫者简直太异想天开了。

教师针对预设具体指导:分角色朗读是用语言来塑造人物性格,表现人物心理。除此之外,还可以尝试用表情或动作来辅助语言表达。同学们可以融入表情或动作再次进行朗读体验。

学生进行角色朗读并辅以表情或动作,以深入体会贫富二僧的内心世界。

教师:总而言之,这两句是富僧在不同情境下说的话。因为说这两句话的时候,富僧的想法不一样,所以说出来的语气也就不可能一样。同学们结合富僧说这两句话时的语气,总结:在怎么去南海的问题上,富僧的具体想法是什么。

学生回答预设:富者认为要想去南海必须得凭借点什么,不可能什么都不凭借就能完成。

教师点拨阅读方法:同样的内容,不同的表达形式,就会呈现出不同的语言效果。有时一字之别,就会出现截然不同的境界。同学们在阅读中尤其要注意这些地方。往往由此开掘,就可发现文字背后的另一番天地。

请对下面问题进行思考:

不改变原句大意,在"吾"和"一瓶一钵足矣"之间加一个词,加什么合适?	1. 读原句,找语境,进行思考。 2. 同桌交流思考结果。 3. 个体发表意见。

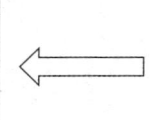

学生静心独立思考。

教师指定学生个体展示答案。

学生回答预设:恃。

教师适当点拨:人物语言是人物内心的折射,也是分析的重点和切入口。关注人物语言是阅读分析人物的一条途径。

从语言能反映人物内心思想的角度进行思考:哪种表达更好?先独立思考,再同桌交流。

小组讨论并归纳答案。

教师指定组代表展示本组归纳的答案。

学生回答预设1:原句要表达的意思是,穷和尚去南海凭借的不是一个瓶子和一个碗,他凭借的是自己坚定的意志。加上"恃"字以后就变成他去南海完全凭借的是"一瓶一钵"。

学生回答预设2:不加"恃",说的是"只需要一个瓶子一个碗,不被饿死渴死就足够了,其他的就靠自己努力就可以到达南海。"加上"恃"字,重点就变成要依靠这"一瓶一钵",而不是靠自己努力去做去坚持。

教师适当点拨:既然原句能够表现出"只需依靠自己,其他什么都不需要就能到达南海"的意思,那贫僧说这句话的时候,应该是怎样的一种语气?

学生回答预设:坚定、自信、满足。

教师:怎样读才能把贫僧的坚定、满足、自信读出来。大家自己练着读一读,然后分享自己的朗读体验。

学生回答预设1:"足矣"要和前边分开,而且,"足"和"矣"都要声音延长。这样,知足、满足的感觉出来了。

学生回答预设2:"一"字也应该重点处理一下,读得轻巧,和"足矣"形成对比,以突出"足矣"。

教师:由此,我们就可以总结出贫富二僧的最本质的不同之处。

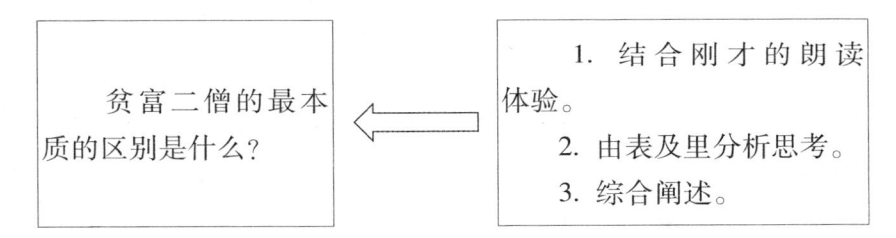

贫富二僧的最本质的区别是什么?	←	1. 结合刚才的朗读体验。 2. 由表及里分析思考。 3. 综合阐述。

学生回答预设1:思想认识不同,也就造成他们的行动、结果不同。这些才是贫富二僧的最大差距所在。

学生回答预设2:最大差距是:贫僧不依赖条件,创造一切条件克服困难,将目标落在行动中;富僧一味依赖客观条件,想入非非,不付诸行动。

教师针对预设具体指导:以上的分析,我们就是运用了由表及里的思维方式。这样我们看问题就不只停留在文字表面,而是探寻到了文字背后更深层的东西,这样才能找到问题的关键,才能发掘深层原因。

小结:随着对贫富二僧不同点的深入思考,一个关于成功的道理就不言自明了。那就是:一件事要想做成,不取决于外在的物质条件的多寡,而在于自己努力行动。

教师抛出分问题二(引导由点及面进行思考)。

同学们从这个小故事里感悟出了这么深刻的启示,作者在这篇文章里写这个小故事的用意我们好像已经完全把握了,文章可以结束了。但是文章并没有就此作结,这又是为什么呢?要回答这个问题,请同学们先思考:

引领读悟:议论文 文言文 名著 >>>

| "贫富二僧"的故事和本课的课题及文章原题目有什么关联? | ← | 1. 结合之前的分析进行思考。
2. 思考题目表达的意思。
3. 结合书下注解明确原题。
4. 综合考虑文题和内容的关联。 |

学生静心独立思考,个体准备答案。

教师指定学生个体展示答案。

学生回答预设1:题目叫"为学",就是做学问的意思。写这个故事就是表明:做学问也得跟穷和尚一样。

学生回答预设2:本文题目是"为学"。开篇提到"为之"与"学之",用词有异,对象不同,一对"天下事",一对"子侄学",但其中都含有"行动""做"的意思。故事中的贫僧"之"南海,"之"也有行动之意,行动之果为"能至"。

学生回答预设3:贫僧之行——从"蜀之鄙"到"几千里"远的"南海"游历,就是学习知识磨炼性情的过程。正是开篇"为"与"学"之意的具体注释。

学生回答预设4:原题是《为学一首示子侄》。意思是:写一篇关于做学问的文章给子侄们看,告诉子侄们一些道理。

教师根据预设具体指导。

文章题目,或是文章内容的高度概括和凝练;或者直接、间接表达中心思想;或是寄寓作者的思想感情;或者表明文章的写作目的。所以阅读时要给予重视。

文章的原题目与作者的写作动机契合更加紧密,是我们理解文本的一个切入点。

对于文题的理解不能笼而统之,囫囵吞枣,也要逐字明意。比如"示子侄"中"示"是什么意思?这里决不能简单地进行字面或字典意的理解,而应该是切合语境进行理解。

请同学们根据老师的提示继续对刚才的问题进行思考,可小组讨论。

学生小组讨论归纳答案。

教师指定组代表展示本组归纳的答案。

第一组代表回答预设1:"为学一首示子侄"中的"示"是"告诉,明示"的意思。作者的意思是"写一篇文章来告诉子侄们关于做学问的道理"。

第二组代表回答预设2：既然是"示子侄"，就必须把要说的道理说出来，说明白。因为"示子侄"不是"考子侄"，不是为了让子侄们自己去揣摩明确道理。讲故事就是为了把道理说得更明白，而不是让子侄们从故事里自己去生发道理。所以必须把道理写出来，写明白。

学生回答预设3：蜀鄙之僧的故事讲完之后文章并没有结束，就是要开始讲让子侄们明白的道理。

教师根据预设适时点拨重点和相关注意：任何事例跟它要表明的道理之间都有相关联之处。关联之处越多，道理和事例联系越紧密，道理也就说得越透彻，也就越让人认可。所以阅读时要思考关注事例和所阐发的道理之间的关联对应处，以便更好理解内容。

蜀鄙之僧的故事，关键点很清晰，简单来说，就是两个和尚（一贫一富）、两种条件、两种想法、两种做法、两个结果。

故事之后的文段中，既在阐发道理又与故事关键点相对应的语句有哪些？	1. 仔细读书，圈画对应点。 2. 先在组内确定答案再全班交流展示。

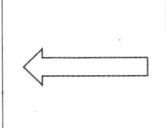

学生个体展示自己的思考结果，同组补充，其他同学继续完善答案。

学生回答预设1："聪与敏，可恃而不可恃也；自恃其聪与敏而不学者，自败者也。昏与庸，可限而不可限也；不自限其昏与庸而力学不倦者，自力者也。"

学生回答预设2：对应之处有：

贫僧——自力者，不自限其昏与庸而力学不倦者；

富僧——自败者，自恃其聪与敏而不学者；

一瓶一钵——昏与庸；船——聪与敏。

教师过渡："聪与敏，可恃而不可恃也；自恃其聪与敏而不学者，自败者也。昏与庸，可限而不可限也；不自限其昏与庸而力学不倦者，自力者也。"这两句话是什么意思？

学生静心独立思考。

学生个体准备答案，自行对译，口头翻译。难点写在黑板上"不自限其昏与庸而力学不倦者,自力者也"。

指定学生个体展示答案。

一名学生把自己的答案进行板书,其他同学给予修正和完善。

学生板书预设:

不　自　限　其　昏　与　庸　而　力　学　不　倦　者,
↓　↓　↓　↓　↓　↓　↓　↓　↓　↓　↓　↓　↓
不 自己 限制 他的 昏庸 和 平庸 而 努力 学习 不 疲倦 的人

其他学生修正完善情况预设。

学生纠错并修正答案预设1:"昏"翻译成昏庸,等于没翻译。可参考书下注解,译成"昏昧"。

学生完善补充答案预设2:注解中的"昏昧",理解起来也并不是很直白。如果没有参考,可以调取我们的生活积累。比如,电视里经常说昏君,就是说这个君主很糊涂。所以"昏"字还可以理解成"糊涂"。

学生进一步完善答案预设3:这个句子如果对译完直接翻译不做语序调整,有一个地方是不通的,"努力学习不疲倦的人"应该调整语序,翻译成"不知疲倦努力学习的人"。

教师根据预设点拨重点与相关注意:翻译文言文尤其是一些长句、难句,对译是最好的方法。在对译的过程中单字翻译尽可能直白明了,可结合语境和生活积累。最后还要统观全句看表达是否明确顺畅。翻译文言语句不仅仅是为了疏通文意,更重要的是通过对文言重点词语、句子的透彻理解来达到理解文章主旨的目的。

教师:请同学们在刚才探究结果的基础上进行深入思考。

对于"不自限其昏与庸而力学不倦者"一句的翻译是否已经明确顺畅?	←	1. 先说说再在笔记本上写一写。 2. 组内进行讨论。 3. 归纳小组讨论结果。

学生以小组为单位进行学习探讨,讨论结果记录在笔记本上。

教师指定组代表展示本组归纳的答案。

一组学生代表展示预设:"不自己限制他的昏昧和平庸"一句,"他的"

表达不明确,根据整句意思"他的"就是"自己的"。

二组学生代表展示预设:"不自己限制自己的昏昧和平庸"表达还是不明确,意思应该是"不被自己的昏昧和平庸所限制",变成被动句意思就更明白了。

三组学生代表展示预设:准确译文应该是"不被自己的昏昧和平庸所限制而不知疲倦努力学习的人"。

教师肯定第三组的答案并将思考引向深入:在什么情况下经常用到"被"或"不被"来表达意思呢?

请联系自己的生活和阅读积累思考:在什么情况下经常用到"被"或"不被"来表达意思?

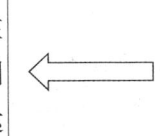

1. 回忆生活情境或阅读积累。
2. 组织语言,准备表达。
3. 用心体会"被"与"不被"的表意特点。

学生先自由说,教师再补充,提供相关情境。

情境1:在百米比赛的赛道上,小红被绊了一个跟头。她没有被突发情况所干扰,坚持跑到了终点。

情境2:江姐被敌人出卖入狱,但是她没有被敌人的严刑拷打吓倒,坚决不说出党的秘密。

情境3:鲁滨逊一个人被困在孤岛上,但是他没有被恶劣的环境难倒,顽强地生存了下来。

教师引导学生观察总结规律并加以强化:"被"前边的主语是被动的,"不被"前边的主语是主动的。"不被"强调主语的主动性,强调主语起决定作用。

所以"不被他自己的糊涂和平庸限制而不倦努力学习的人"这句话是强调在学习上,人自己的主观努力的重要性。而"昏"与"庸"不起决定作用。能限制一时,不能限制一世。

教师:对学习来说,"聪与敏""昏与庸"指的是什么?与学习成败是何关系?联系实际进行说明。

学生回答预设1：（根据自己的积累）"聪与敏""昏与庸"是指"天资的好坏"。天资好是学习好的有利条件，但不是决定条件。

学生回答预设2：牛顿小时候学习并不出众，但是经过努力成为科学家。海伦·凯勒先天聋哑盲，却成为著名的作家。方仲永天资很好，由于不学习，最后也只是一个平常之人。天资并不决定最终的成败。

教师：所以，天资和学习好坏之间没有必然联系。彭端淑也深深认识到了这一点，所以，借"蜀鄙之僧的故事"来说理，告诫子侄们这个道理。即一个人学习上能否取得成就不在于他天资的高下，而在于他是否努力学习，力学不倦。由此，我们才理解了"蜀鄙之僧的故事"与文章开头的观点、文后的分析、结论之间的内在联系。

教师强调规律：由点及面，由段及篇，题文一体，才能促进对文意的真正理解。

教师将思考方向引向之前提出的主问题：作者写"蜀鄙之僧的故事"用意是什么？

第四步：学生静心独立思考主问题。

学生回顾对两个分问题进行分析的过程，梳理分问题与主问题之间的关联，形成口头或笔头答案。

第五步：教师指定学生个体展示答案。

学生回答预设1："蜀鄙之僧的故事"告诉我们，一件事的成功与否和外在的物质条件没有必然关系，关键是在于自身的努力。

学生回答预设2：文章题目是"为学"，作者借"蜀鄙之僧的故事"告诉我们关于做学问的道理。

学生回答预设3：文章原题是"为学一首示子侄"，作者借"蜀鄙之僧的故事"告诉他的子侄们关于做学问的道理。

学生回答预设4：文章之所以借用"蜀鄙之僧的故事"来阐发道理是因为作者所要论述的道理和故事中的"二僧"有千丝万缕的联系。一个人如果不具备好的学习资质就像那个穷和尚不具备去南海的资本一样。没有好的资质也没关系，只要能像穷和尚那样努力地去做去学，终有一天能学成。

学生回答预设5：还可以从富和尚的角度来说。就算你有很好的天资，但是如果像富和尚那样不加以利用，不努力去做，最后就会让曾经不如你的人赶超过。

教师针对预设适当点拨:综合起来看,作者写"贫富二僧的故事"用意何在?

第六步:小组讨论归纳答案。

学生以小组为单位交流,形成口头或笔头答案。

第七步:指定组代表展示本组归纳的答案。

学生回答预设:作者写"蜀鄙之僧的故事"意在告诉自己的子侄们一个关于做学问的道理,即一个人在学问(学习)方面取得的成就与天资没有必然联系,关键取决于自己个人的主观努力。

第八步:教师强调阅读浅显文言文的方法。

理解词句的意思是文言文学习的基础,其方法也是因文而异。但最重要的是结合语境进行理解。因为理解词、句是为了更好地理解文章的内容和主旨。理解文言文的内容,应该在了解文言文本自身特点的基础上与阅读现代文的方法相结合。找到文言文阅读的难点及突破口。由表及里,探寻文字背后的深层意蕴;由点及面多角度、全方位思考,通盘考量某个词语、句子、段落、层次与文章题目或其他段落或全篇文章之间的内在联系。这样才能理清文脉,理解文意。

课堂总结

二百多年过去了,时代在变迁,但是警示人们为学的道理不会改变。学习本文,除了思想上受到熏陶,在文言文阅读方面我们也得到了很多有益的启示。比如:文言单音节词对译成现代汉语双音节词;结合语境和生活积累解释文言词语;恰当调整语序以顺畅表达;通过朗读来体验人物的思想世界;关注文章局部和文题、全篇的关联从而探明主旨,等等。

在学习的漫漫长途中,困难在左,容易在右,它们总是如影随行。也许你是天才,但不努力去做,最终也只能成为自败者。因为,为学之道,做也;为学之道,知难而进也。就算你生而平庸,但是,只要付出行动,知难而进,就能不断突破自我,成长自我,强大自我,成为一个真正的自力者。

【板书设计】

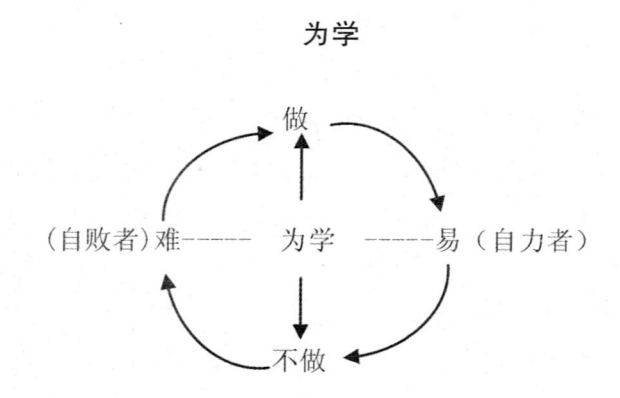

为学

（自败者）难 ----- 为学 ----- 易（自力者）

（做 / 不做 循环图）

【智慧训练】

阅读短文，完成下列各题。

初，权谓吕蒙曰："卿今当涂掌事，不可不学！"蒙辞以军中多务。权曰："孤岂欲卿治经为博士邪！但当涉猎，见往事耳。卿言多务，孰若孤？孤常读书，自以为大有所益。"蒙乃始就学。及鲁肃过寻阳，与蒙论议，大惊曰："卿今者才略，非复吴下阿蒙！"蒙曰："士别三日，即更刮目相待，大兄何见事之晚乎！"肃遂拜蒙母，结友而别。

1. 解释下列语句中加点词的意思。

（1）但当涉猎，见往事耳。

（2）及鲁肃过寻阳。

2. 用现代汉语翻译下列句子。

蒙辞以军中多务。

翻译：

3. 选文中的孙权、吕蒙和鲁肃是我国古代_____时期的人物，他们也是我国古典小说《_____》中所塑造的人物。

4. 请从下面选择一个最恰当的题目作为选文的标题，并简述选择的理由。

A. 吕蒙求学　　　B. 孙权劝学

附 参考答案

1.（1）但：只,仅；涉猎：泛览 （2）过：到

2. 吕蒙拿军中事务繁多来推托。

3. 三国；三国演义

4. B；理由：文章用了两行的文字分两个层次由浅入深地来写孙权"劝学"的过程,体现出"劝""导"之意。"求学"一词则强调探究学习,主动获取,而"蒙乃始就学"一句则表明吕蒙是在孙权劝勉之下才开始学习,不存在"求"的主动性。

（编写 金玉荣）

陋室铭

【内涵释义】

语文课程标准对初中文言文阅读的规定是：阅读浅易文言文,能借助注释和工具书阅读浅显容易的文言文,并理解基本内容。"阅读浅易文言文"是指根据初中学生掌握的文言词汇,凭借文言语感,能够把选文读通读懂；"理解基本内容"是指对文本所写内容能够做出正确的梳理分析、判断,或者是品味、鉴赏、拓展等。

【引领读悟】

以《陋室铭》为例落实本点。

学习准备

查阅大量有关刘禹锡的生平介绍；会使用《古汉语常用字字典》；掌握文言文的重要知识点：重点实词、虚词,通假字,一词多义,古今异义,词类活用,特殊句式；会运用翻译文言文的方法和理解文言内容的方法：在诵读基础上,从题目切入,抓住关键词句、通过理解不同表达方式和材料详略安排等进行品悟。

导入新课

老师这里有一副对联,对联里面有两位历史名人,还有两处文学圣地,我们一起来找一找。

"陋室有德馨,刘禹锡安贫乐道不改高洁之志"

(刘禹锡,安徽和州刘禹锡陋室)"草堂起宏愿,杜工部病体寒衣不失天下之怀"

(杜甫,四川成都杜甫草堂)

同学们真博学多识,杜甫我们之前已经学过他的很多古诗,比如《春望》《绝句》等,已经对他有了一定的了解。那么刘禹锡又是何许人也?他又有哪些逸闻趣事和远大理想呢?请同学们来展示自己的预习成果。

(请同学介绍刘禹锡的资料和事迹)

点拨:引入刘禹锡因参与王叔文领导的政治革新失败被贬的背景。

教师:人间沧桑,那位刁难人的知县早已化作黄土,而刘禹锡所作的《陋室铭》一文,却流传千古,至今仍是一篇脍炙人口的佳作。接下来,我们就去品一品这被"气"出来的《陋室铭》。

叙述目标

能借助注释和工具书自主阅读、小组合作学习,理解积累文中重点词语文言实虚词和句式,并疏通文意;能通过文中重要语句说出"陋室不陋"的原因,并理解刘禹锡高洁的情操,高雅的情趣;能在探究作者写作目的同时,理解"铭"这种文体的作用。

阅读渐进引领

第一步:初读感知,明确积累。

教师:刚才我们一起明确了本节课的学习目标,下面让我们心中装着目标,走进文章。请同学们打开书,用圈点勾画的方式读课文,圈画出自己读不懂的字词句,初步了解课文所写内容。

以自己喜欢的方式读课文,圈画出文中自己读不懂的字词句。	⇐	初读文章进行圈画,可以把生僻字、多音字、古今异义字圈画出来。借助工具书查出字音。

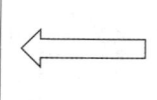

学生自由朗读课文,小组合作疏通字音。

教师:同学们大声朗读课文,做到准确流利。同时,圈画出自己喜欢的词语或是句子,在小组内进行交流,交流过程中要简要阐述一下喜欢的理由。

学生回答预设1:我喜欢"斯是陋室,惟吾德馨"。这句话让我明白了,作者住的屋子虽然简陋,但是他的德行很高。

学生回答预设2:我喜欢"山不在高,有仙则名。水不在深,有龙则灵"。这句话让我懂得了只要人有一技之长,就能被人知晓、称赞。

学生回答预设3:我喜欢"谈笑有鸿儒,往来无白丁"。我也想像刘禹锡一样拥有一群志同道合的朋友。

学生回答预设4:我喜欢"苔痕上阶绿,草色入帘青"。这句话让我读出来刘禹锡住的地方虽然偏僻简陋,但是环境很美丽。

教师:同学们都很有想法,有自己的独到之处。那么请你大声地、有感情地朗读你喜欢的句子,读出你内心的喜欢。

教师巡视,指导学生注意朗读时的重音和停连,引导学生找到韵脚,注意朗读的节奏和语气。

请同学们声音洪亮、感情充沛地朗读课文,注意朗读时的重音和停连。	⬅	朗读要准确流利,尽量做到有感情。能够用不同符号标注出朗读的重音和停连,以及朗读的节奏、语气。

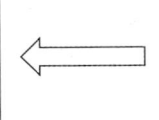

第二步:进入问题解决。

教师:读完这篇文章,想必你内心也一定有不少疑惑吧!

刚才大家都说了自己喜欢的词句,下面提出我们的阅读困难或是疑问,一起研读课文。	⬅	阅读文言首先要排除文言翻译的困难,文言中存在着通假字、古今异义等特殊词语和一些特殊句式。 提问题可以从词语的使用,句子的含义或是段落之间的关系入手提问,也可以从主题入手提问。

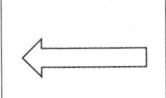

学生在小组内交流自己画出来的疑惑,以小组为单位将问题分类整理,并板书。

学生提出问题分类预设。

第一类:不懂的文言词语。

1. 无丝竹之乱耳,无案牍之劳形。

2. 何陋之有?

第二类:不懂的文言句子。

1. 何陋之有?

第三类:不理解的内容。

1. 作者的"德馨"表现在哪里?

2. 到陋室来做客的都是些什么人呢?

3. 作者起名为"陋室"可是结尾又说"不陋",这是为什么?

4. 作者明明在颂自己的陋室,为什么又写"诸葛庐""子云亭"?

教师:同学们提出了很多有价值的问题,有从文言知识角度进行提问的,有从句子的理解方面提问的,有从对本文主要内容的理解上进行提问的,有从主题上进行提问的,看来,大家真是很用心读了这篇课文。其实,刚才大家的这些问题,核心问题在于:"陋室不陋"体现在哪里?其原因是什么?但在探究这个问题之前,还是先要解决大家在文言翻译上存在的困难。

第三步:教师指导点拨。

教师:根据刚才同学们的提问情况,主要存在两大方面的问题,其一是,文言文语句难以翻译成现代汉语;其二是,对主要内容或是主题的理解不深入。在解决这些问题之前,老师可以给大家提供以下建议。

文言句子翻译成现代汉语需要把单音节词变成双音节词。人名、地名、官名、时间等专有名词不用翻译。当我们遇到不理解的文言词语的时候,我们首先去借助课下注释去理解,对于注释外的内容,我们可以借助工具书理解词义,最重要的是我们还要学会结合语境去理解、推断词语的意思。

对于句子的翻译,我们一般可以采用直译法进行串联,但是对于一些长句、难句,我们还需要关注特殊句式,如省略句、判断句、倒装句、被动句等。

在内容与主题理解方面,我们不妨从以下几个方面探究。

1. 我们可以从题目入手,题目中提及"陋室"想必不只是作者的房子,还有其他,那么他们之间有什么联系吗?

2. 值得一提的是"铭"这种文体的特殊性。铭是古代一种刻于金石上的押韵文体,多用于歌功颂德与警诫自己。明白了铭的意思,也就明白了题意,对进一步理解文章内容、探究主题打下基础。

3. 就写物文章来说,一般写物的文章都存在借物抒情或是托物言志的手法,我们还可以从这一方面进行探究。

老师的建议提到这里,下面就让我们来静心学习,发挥大家的智慧,可能还会出现更多探究的方法。

第四步:学生独立思考,准备答案。

学生根据教师提供的学习建议,结合注释、工具书和相应的语境对文中难解语句进行个体思考,根据个人理解进行翻译。

对内容与主题的思考,可以采用圈点批注的方法,写出自己的阅读感悟。

教师:同学们刚才思考的都很认真,相信大家都有了自己的理解与收获,接下来就让我们交流分享自己的思考成果,其他同学需要认真倾听,并随手记录,看看他们的理解是否到位,有没有需要进一步补充的地方。

第五步:学生个体展示,交流答案。

教师:先让我们一起看看大家在翻译中存在的问题是不是已经得到了解决。

交流第一类问题:

| 有仙则名。有龙则灵。无丝竹之乱耳,无案牍之劳形。何陋之有? | ⬅ | 结合注释、工具书,再根据语境推断词语的意思。结合语境,看词语修饰或描述的对象,思考词类活用、一词多义等现象。翻译语句注意特殊句式。 |

学生个体回答问题。

学生回答预设1:根据语境,"名"描述的是"山",在这里是名词活用为动词,意思是"出名"。"灵"描述的是"水",意思是"有灵气",也是名词活用为动词。

学生回答预设2:根据课下注释,以及上下文的内容,"乱"修饰的是"耳",我推断"乱"是一个使动用法,意思是"使……乱","劳"修饰的是"形",意思是"使……劳累"。

学生回答预设3:我认为"无丝竹之乱耳,无案牍之劳形"中的"之"处于主语和谓语之间,可以不用翻译,用法应该是取消句子的独立性。

学生回答预设4:"何陋之有"中的"之"无法翻译出来,结合语境,本句原本的顺序应该是"有何陋之",我推断"之"应该是宾语前置的标志。

学生回答预设5:我理解"何陋之有"的意思是:"有什么简陋的呢?""陋"是单音节词,我把它翻译成双音节词"简陋",最后发现句子不通顺,需要调整顺序,于是我把"有"调换到前面来。

教师:从大家的发言中,可以了解到我们对于文言翻译已经掌握了一些方法。老师在这里强调一下,文言文中的词语存在着通假字、词类活用、一词多义、古今异义等情况,我们在翻译时一定要结合语境,关注这些特殊的文言知识。同时,对于虚词的用法,我们要注意积累与归纳。

交流归纳后的主问题。

| "陋室不陋"体现在哪里?其原因是什么? | ⬅ | 分析问题需要由表及里去分析。"表"就是可以从原文直接寻找到的内容,"里"则是需要借助一些补充资料,并静心思考才能分析出来的。 |

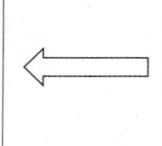

学生个体回答问题。

学生回答预设1:我认为不陋体现在"苔痕上阶绿,草色入帘青"这句话上,因为这句话写出了屋子所处环境的幽静。因为环境优雅心境也自然不觉得屋舍简陋,这就是不陋的原因。

学生回答预设2:我理解,除了环境的高雅,往来陋室的人们也体现了陋室不陋,文中写道"谈笑有鸿儒,往来无白丁"。可见,作者所交往的都是一些知识渊博,品德高尚的人。屋子里能聚集这么多博学宏德之人,自然也就不简陋了。

学生回答预设3:我认为"可以调素琴,阅金经"这句话也体现了陋室不陋,虽然屋子里没有豪华的装饰,没有可以娱乐的场所,但是屋主在里面弹琴读书,不正是作者高雅生活情趣的表现吗?琴声、读书声恰好充满陋室,因此陋室也就不陋了。

学生回答预设4:我理解"惟吾德馨"这句话是最集中体现陋室不陋的。因为屋子里住的人品德高尚,屋子也就随之不显得简陋了。

教师:大家的回答很独到,有自己的理解。通过大家的回答,我们知道了"陋室"环境优雅,居住者品德高尚、情趣高雅,"陋室"也就"不陋"了。老师在这里总结一下,当我们去探究一个问题的时候,需要由表及里地去理解,很多时候需要我们大量查阅资料以帮助我们去更深入地理解内容和主题。那么作者写这样一篇文章仅仅为了讲"陋室不陋"吗?作者真正的写作目的是什么?

刘禹锡写作这篇文章的目的是什么? ← 考虑这个问题需要我们结合上面探究的结论,由表及里地分析思考,同时需要注意"铭"这种文体的特点。

教师:我们探究这一类问题,不仅需要由表及里地思考,同时需要了解,作者写物的同时也是在言志,只要能从文中抓住这个"志",也就抓住了他的写作目的。

学生回答预设1:文章中写"惟吾德馨",可见刘禹锡写"陋室"是为了突出自己的高尚品德以及高雅情趣。

学生回答预设2:我认为"南阳诸葛庐,西蜀子云亭"这句话运用类比,作者把自己的屋子与诸葛亮、扬雄的屋子做类比,从而写出自己也有同两位贤人一样的志向与情趣。

学生回答预设3:结合前面提到的"铭"这种文体主要在于警诫自己,作者写这篇文章也想要告诫自己,不要被社会上的不良习气所侵袭,需要保持自己内心的高洁。

学生回答预设4:我猜想,可能作者不仅想告诫自己,还想告诫后人也要向他学习,要出淤泥而不染。

教师:同学们刚才各抒己见,有理有据,真是让我看到了大家阅读的认真,思考的深入。不过,我们的看法还没有达成共识,让我们在小组内共同讨论,发挥集体的智慧,将问题分析得更透彻一些,更全面一些。

第六步:小组补充,完善答案。

小组成员就同学们出现的分歧和把握不准的问题进行进一步探讨,从而完善回答,找出一些阅读规律或强化积累。其中的组代表进行整理。

教师:各小组经过热烈的研讨,相信大家都有了更加深入的理解,下面让我们来听听各组组代表整理完善后的答案。

第七步:小组代表展示交流答案。

组代表回答预设:我们小组主要探究了本文虚词"之"的用法,并且与之前所学的文言文做了对比,最后,我们归纳出了"之"的几种用法:第一,"之"可以用作代词,指代人或事物;第二,用作结构助词,翻译成"的";第三,位于主语和谓语之间,取消句子的独立性,不翻译;第四,可以做宾语前置的标志。

对主问题的归纳整理。

组代表回答预设:在"陋室不陋"这个问题上,我们组认为大家基本上已经谈得比较全面了。我们再做一点归纳、补充:我们组认为"陋室不陋"体现在三个方面,一是环境的优雅,二是屋主的高尚品德,三是屋主的高雅情趣。其中"惟吾德馨"这句话是主旨句,直接表明了"不陋"的原因是作者的品德高尚。

对分问题的整理归纳。

我们小组主要想对作者在本文结尾引用"何陋之有"这句话的用意进行补充。这句话的原话是"君子居之,何陋之有?"暗含着以"君子"自居的意思,更进一步突出了他那高洁傲岸的志趣与抱负。托"陋室"这个物,来言自己"君子"这个志。

第八步:教师评价,确认答案。

经过刚才的研讨,我们基本上已经解决了最初的困惑,最后老师想对以上问题进行一下总结:首先,将文言文语句翻译成现代汉语,除了需要掌握必要的文言知识之外,最应该关注的是语境,要找准词语修饰或描述的对象。其次,对于内容和主题的探究,应该要有一种由表及里的思考方式。最后,老师想提醒大家,写物的文言文很多运用"借物抒情""托物言志"的手法,我们在探究写作目的的时候,需要多加注意。

课堂总结

对于文言文的学习,我们首先是要将古代的文字翻译成现代汉语,我们需要借助注释和工具书去查阅词语意思,同时我们还可以采用单音节词变成双音节词的方法,翻译一些较为简单的词语。虚词的翻译需要我们勾连旧知识,同时更要多整理归纳,最为重要的是需要结合语境去翻译。

本文的内容比较好理解,首先应该从题目读起,就本文题目而言,它交代了本文的写作对象,以及作者的写作目的。本文虽是在写"陋室不陋"但更深一层次的是在言作者的志向,作者运用托物言志的手法,来表明自己的高尚情操与高雅情趣,只有由表及里地分析才能真正读懂文章的深层含义。

最后老师还要提醒大家,文言文阅读重在积累,大家一定要学会分类整理,并能灵活运用。让我们用这节课所学的知识去阅读课外的更多文言文吧!

【板书设计】

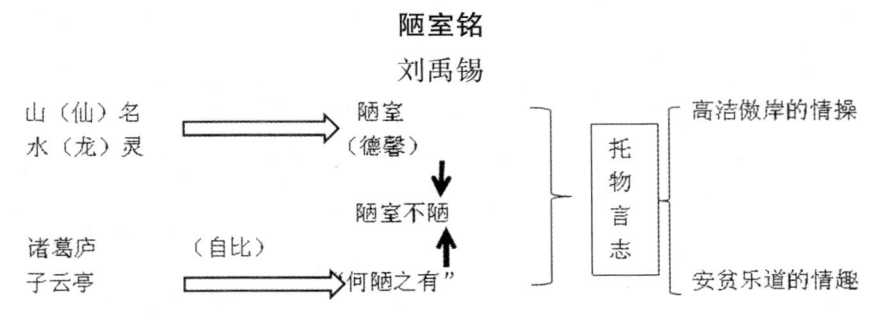

陋室铭

刘禹锡

山（仙）名　　　　陋室
水（龙）灵　　→　（德馨）　　　托物言志　　高洁傲岸的情操
　　　　　　　　　　↓
诸葛庐　　（自比）　陋室不陋
子云亭　　→　　何陋之有"　　　　　　　　安贫乐道的情趣

【智慧训练】

阅读短文,完成文后问题。

师旷问学

晋平公问于师旷曰:"吾年七十,欲学,恐已暮矣。"师旷曰:"何不炳烛①乎?"平公曰:"安有为人臣而戏其君乎?"师旷曰:"盲臣②安敢戏君乎?臣闻之:少而好学,如日出之阳;壮而好学,如日中之光;老而好学,如秉烛之明。秉烛之明,孰与昧行③乎?"平公曰:"善哉!"

（选自刘向《说苑》）

注释:①炳烛:手持烛火。当时的烛,只是火把,不是后来的蜡烛。②盲臣:师旷为盲人,故自称。古眼盲者多习乐。③昧行:摸黑走路。

1. 解释下面加点词语的意思。

（1）问于师旷

（2）安敢戏君

（3）如日出之阳

2. 晋平公想学习,却又"恐已暮矣",他所说的"暮"指什么?他为什么有这样的担心?

3. 师旷的劝说效果如何?从文中什么地方可以看出?

4. 这则故事告诉我们的道理是什么?

附　参考答案

1. ①向
　②怎么
　③的

2. "暮"指时间晚,迟了。他有这样的担心是因为他怕来不及学,学了也没用。

3. 已经达到劝说的目的,从文中"善哉"可以看出来。

4. 活到老,学到老。或学无止境,终身学习,受益终生。

（编写　韩小雪）

《论语》十二章

【内涵释义】

课标对初中文言文阅读的规定是:阅读浅易文言文,能借助注释和工具书理解基本内容。阅读浅易文言文是指根据初中学生掌握的文言词汇,凭借文言语感,能够把选文读通读懂;理解基本内容是指对文本所写内容能够做出正确的分析、判断,或者是品味、鉴赏、拓展等。

【引领读悟】

本文以《〈论语〉十二章》为例落实本点。

学习准备

借助课下注释、工具书等学习资源解决读准字音的问题。借助语感和对文言文句子含义的基本认识,解决朗读中的重音、停连、节奏的问题。会使用《古汉语常用字字典》及其他相关资料,掌握文言文的重要知识点,重点实词、虚词、通假字、一词多义、古今异义、词类活用、特殊句式。会运用翻译文言文的方法和理解文言内容的方法。在诵读基础上,结合孔子生平与思想,正确理解《〈论语〉十二章》的内容,体会其中倡导的修身和为学之道。

导入新课

同学们,你知道"温故知新""三人行必有我师""三十而立""逝者如斯"这些成语吗?你知道它们的出处吗?(学生回答:知道,出自《论语》)《论语》属语录体散文,是记录孔子及其弟子言行的一部书,共20篇。孔子,名丘,字仲尼,鲁国人,我国古代伟大的思想家、政治家、教育家,儒家学派的创始人,被誉为"万世师表""千古圣人"。今天我们就一起来学习《〈论语〉十二章》。

叙述目标

通过多种形式朗读课文,培养文言语感;借助课文注释及查字典,参考其他资料等方法,掌握一些重点词语和句式,疏通文意,初步了解课文含义;结合孔子生平与思想,正确理解《〈论语〉十二章》的内容,体会其中倡导的修身和为学之道。

阅读渐进引领

第一步:初读感知,明确积累。

教师:同学们,请打开书,放声朗读《〈论语〉十二章》,划出自己喜欢的章节,读一读。

学生回答预设1:我喜欢"温故而知新,可以为师矣"。

学生回答预设2:我喜欢"学而不思则罔,思而不学则殆"。

学生回答预设3:我喜欢"知之者不如好之者,好之者不如乐之者"。

学生回答预设4:我喜欢"三人行,必有我师焉。择其善者而从之,其不善者而改之"。

教师:刚才同学们交流得很热烈,大家挑选了《论语》中比较耳熟能详的句子,读得也非常好。

第二步:进入问题解决。

教师:同学们,除刚才大家比较喜欢、熟悉的《论语》的篇章外,其他章节你有没有不认识的字或不理解的词句?请以小组为单位,借助课下注释、工具书解决问题。组内无法解决的问题,由组长整理好,每组派代表献疑。

学生回答预设1:"学而时习之,不亦说乎?有朋自远方来,不亦乐乎?

人不知而不愠,不亦君子乎?"应该怎么断句?

学生回答预设2:"温故而知新,可以为师矣。"中的"矣"字怎么理解?

学生回答预设3:"吾十有五而志于学,三十而立,四十而不惑,五十而知天命,六十而耳顺,七十而从心所欲,不逾矩。"应该怎么理解?

学生回答预设4:"饭疏食饮水,曲肱而枕之,乐亦在其中矣。不义而富且贵,于我如浮云。"中的"义"怎么理解?

学生回答预设5:文中出现多个"而",用法有什么不同?

学生回答预设6:我们现在学习《论语》有什么用呢?

第三步:教师指导点拨。

教师:刚才同学们的问题提得都非常好,主要包括四个方面:有关朗读中语句的停顿问题,有关文言词句的翻译问题,有关内容的理解问题,有关读《论语》的意义问题。那么我们下面就按顺序依次解决问题。

解决第一类问题——有关朗读中语句的停顿问题。

遇到文言文中较长的句子应该如何正确停顿呢?	⬅	1. 利用注释和工具书等学习资源正音。 2. 较长的句子要注意句子之间内在含义关联,借助语感和对文言文句子含义的基本认识,读准重音、停连、节奏。

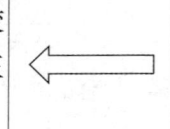

教师范读,学生朗读,要读准字音,注意重音和停连,读出语气感情。

教师布置任务,学生分组合作,相互读,发现不会读或读音不准确的字或停顿不准确的句子及时纠正。

学生利用注释和工具书正音。小组内朗读,每组派代表进行朗读展示。学生互评,教师根据学生问题进行订正。

学生朗读展示。

子曰:"学/而时习之,不亦/说(yuè)乎?有朋/自远方来,不亦/乐乎?人不知/而不愠(yùn),不亦/君子乎?"

曾子曰:"吾/日三省(xǐng)/吾身:为人谋/而不忠乎?与朋友交/而不信乎?传(chuán)/不习乎?"

子曰:"吾十有(yǒu)五/而志于学,三十/而立,四十/而不惑,五十/而知天命,六十/而耳顺,七十/而从心所欲,不逾矩。"

子曰:"温故/而知新,可以/为师矣。"

子曰:"学而不思/则罔(wǎng),思而不学/则殆(dài)。"

子曰:"贤哉,回也!一箪(dān)食,一瓢饮,在陋(lòu)巷,人/不堪其忧,回也/不改其乐。贤哉,回也!"

子曰:"知之者/不如好(hào)之者,好之者/不如乐之者。"

子曰:"饭疏食/饮水,曲肱(gōng)/而枕之,乐/亦在/其中矣。不义/而/富且贵,于我/如浮云。"

子曰:"三人行,必有/我师焉。择/其善者/而从之,其不善者/而改之。"

子在川上曰:"逝者/如斯夫,不舍/昼夜。"

子曰:"三军/可夺帅也,匹夫/不可夺志也。"

子夏曰:"博学/而笃(dǔ)志,切问/而近思,仁在其中矣。"

教师:刚才大家读得特别好,读音准确、停顿正确、声音抑扬顿挫。

解决第二类问题——有关文言词句的翻译问题。

教师:下面我们分组合作翻译课文,大家可以借助课文注释或查字典理解每章内容。

学生小组合作翻译,提出疑难,班内共同解决,教师根据学生问题进行解疑。

解释画线词语:
1. 人不知而不愠,不亦君子乎?
2. 为人谋而不忠乎?
3. 学而不思则罔,思而不学则殆。
4. 博学而笃志,切问而近思,仁在其中矣。

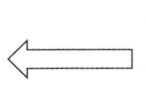

⬅

1. 结合课下注释翻译。
2. 借助《古汉语常用字字典》翻译。
3. 结合具体语境翻译。

学生结合课下注释,使用《古汉语常用字字典》,并结合具体语境翻译,小组讨论,解决问题。

学生回答预设1:愠,恼怒、生气。参看课下注释可得答案。

学生回答预设2:谋,谋划事情。参看课下注释,根据句子的意思可从中截取出词的意思。

学生回答预设3:罔,迷惑,意思是感到迷茫而无所适从;殆,疑惑。参看课下注释可得答案。

学生回答预设4:笃,坚定。参看课下注释可得答案。矣,了。查《古汉语常用字字典》可得答案。

第四步:学生静心独立思考。

整理每章内容,个体准备答案,将之前翻译过程中有问题的字词句说一说,改一改,写一写。

学生回答预设1:第一则中的两个"而"用法一样吗?
学生回答预设2:第四则"可以为师矣"中"可以"一词怎么解释?
学生回答预设3:"饭疏食"的"饭"是"吃的饭"还是就解释成"吃"?
学生回答预设4:"贤哉,回也!"这句怎么翻译?

> 1. 第一则中的两个"而"用法一样吗?
> 2. 第四则"可以为师矣"中"可以"一词怎么解释?
> 3. "饭疏食"的"饭"是"吃的饭"还是就解释成"吃"?
> 4. "贤哉,回也!"这句怎么翻译?

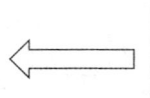

← 需要准确翻译一词多义、通假字、古今异义、词类活用等文言现象和特殊句式。需要结合具体的语言环境理解其含义。

教师:"学而时习之""人不知而不愠"中的"而"是一词多义,分别表顺承、转折;"说"同"悦",愉快,是通假字;"可以"古今异义,古义,可以凭借,是两个词,今义,可能,是一个词;"吃"词类活用,名词活用成动词,所以应解释成"吃";"贤哉,回也!"是特殊句式,这既是判断句,又是一个倒装句,可翻译成"颜回的品质是多么高尚啊!"

第五步:教师指定学生个体展示答案。

每组派代表进行翻译展示。

学生回答预设1：第一则　子曰："学而时习之，不亦说乎！有朋自远方来，不亦乐乎？人不知而不愠，不亦君子乎？"

时，名词作状语，按时；说同"悦"，愉快；朋，志同道合的人；知，了解；愠，恼怒、生气；君子，有才德的人。

译文：孔子说："学习了，然后按时温习，不也很愉快吗？有志同道合的人从远方来，不也很快乐吗？人家不了解我，并不因此恼怒，不也是君子吗？"

学生回答预设2：第四则　子曰："温故而知新，可以为师矣。"（《为政》）

故，学过的知识；知新，得到新的理解和体会；可，可以；以，凭借，"以"后面省略代词"之"；为，做。

译文：孔子说："温习学过的知识，可以得到新的理解和体会。这样，就可以借之做老师了。"

学生回答预设3：第八则　子曰："饭疏食饮水，曲肱而枕之，乐亦在其中矣。不义而富且贵，于我如浮云。"（《述而》）

饭，吃，名词作动词，疏食即粗粮；曲肱，肱，音 gōng，胳膊，由肩至肘的部位，曲肱，即弯着胳膊。

译文：孔子说："吃粗粮，喝白水，弯着胳膊当枕头，乐趣也就在这中间了。用不正当的手段得来的富贵，对于我来讲就像是天上的浮云一样。"

学生回答预设4：第六则　子曰："贤哉，回也！一箪食，一瓢饮，在陋巷，人不堪其忧，回也不改其乐。贤哉，回也！"（《雍也》）

箪，音 dān，古代盛饭用的圆形竹器；巷，此处指颜回的住处；堪，能忍受；乐，乐于学。"贤哉，回也！"这句是特殊句式，既是判断句，又是一个倒装句。

译文：孔子说："颜回的品质是多么高尚啊！一竹筐饭，一瓢凉水，居住在简陋的巷子里，换了别人一定不堪忍受这种贫困忧苦的生活，但是颜回啊，从来不因此而改变自己好学乐善的快乐。颜回的品质是多么高尚啊！"

教师：同学们回答得特别好，我们在翻译文言文时对于重点实词和虚词一定要翻译准确，同时要注意一词多义、通假字、古今异义、词类活用等文言现象和特殊句式的准确翻译。还可以结合课下注释和具体语境翻译。那么大家还有没有不理解的句子？

学生回答预设1："子曰：'吾十有五而志于学，三十而立，四十而不惑，五十而知天命,六十而耳顺,七十而从心所欲,不逾矩。'"我不明白是什么意思。

学生回答预设2:"子曰:'知之者不如好之者,好之者不如乐之者。'"我不理解。

翻译句子:	文言文翻译的原则:
1. 子曰:"吾十有五而志于学,三十而立,四十而不惑,五十而知天命,六十而耳顺,七十而从心所欲,不逾矩。" ←	"信""达""雅"。 文言文九字翻译法: 留、补、删、换、调、选、译、固、意。
2. 子曰:"知之者不如好之者,好之者不如乐之者。"	

教师指导学生学习文言文翻译的原则和方法。

教师:有,同"又",用于整数和零数之间;立,立身,指能有所成就;惑,迷惑,疑惑;天命,上天的意旨,古人认为天是世间万物的主宰;命,命令;耳顺,对此有多种解释,通常认为是能听得进不同的意见;从心所欲,顺从意愿;逾矩,越过法度;逾,越过;矩,法度。可翻译为孔子说:"我十五岁时,有志于做学问;三十岁时有所成就,说话办事都有把握;四十岁,心里不再感到迷惑;五十岁知道天命是什么;六十岁能吸取各种见解而加以容纳;七十岁我就可以随心所欲,但也不会越出规矩。"

教师:知,懂得、了解;之,代词,它,这里指学问和事业;者,代词,……的人;好,喜爱、爱好;乐,形容词的意动用法,以……为快乐。可翻译为孔子说:"懂得某种学问的人不如喜爱它的人,喜爱它的人不如把研究这种学问作为快乐的人。"

教师:文言文翻译的原则是"信""达""雅"。"信"指意义不悖原文,即是译文要准确,不偏离,不遗漏,也不要随意增减意思;"达"指不拘泥于原文形式,译文通顺明白;"雅"则指翻译时选用的词语要得体,追求文字本身的古雅,简明优雅。

教师:文言文九字翻译法是留、补、删、换、调、选、译、固、意。留,专有名词,人名等保留;补,补出省略成分,如主语、宾语;删,删去不译的词语;换,把古词换成现代词;调,调整倒装句句序;选,根据上下文,选用恰当的词义;译,译出实词、虚词、活用的词及通假字等;固,固定格式的固定译法;意,文言文中的比喻、借代、引申,直译不通,用意译。

教师:刚才同学们准确翻译了文言实词和虚词,并关注了文言现象和特殊句式,已经学会了文言文翻译的原则和方法,那么你们能不能再认真看看《〈论语〉十二章》其他章节是否也有这些文言现象和特殊句式,你们的翻译是否准确?

第六步:小组讨论归纳答案。

小组分工合作,检查《〈论语〉十二章》中的重点文言现象和特殊句式是否在翻译时准确无误,有错误的或翻译不准确的进行修改。归纳总结其他文言现象和特殊句式,由组代表进行总结发言。

第七步:指定组代表展示本组归纳的答案。

学生回答预设1:"温故而知新""博学而笃志"的"而"分别表顺承、并列,这种文言现象是一词多义。

学生回答预设2:"可以为师矣""为人谋而不忠乎"的"为"分别译作"当、做""替",这种文言现象是一词多义。

学生回答预设3:"吾十有五而志于学"中的"有"同"又",用于整数和零数之间,这种文言现象是通假字。

学生回答预设4:"吾日三省吾身"中的"三",古义,泛指多次;今义,数词,三,这种文言现象是古今异义。

学生回答预设5:"饭疏食饮水"中的"水",古义,冷水;今义,无色无味无臭的液体,这种文言现象是古今异义。

学生回答预设6:"吾日三省吾身"中的"日"为名词作状语,每日,天天,这种文言现象是词类活用。

学生回答预设7:"温故而知新"中的"故""新"为形容词作名词。故,学过的知识,新,新的理解和体会,这种文言现象是词类活用。

学生回答预设8:"其不善者而改之",句首省略动词"择",这是省略句。

学生回答预设9:"三军可夺帅也,匹夫不可夺志也。"这是判断句。

教师发现学生回答过程中出现的问题,及时适当点拨。

教师:同学们总结得非常细致,集体的智慧是无穷的,你们已经掌握了文言文翻译的原则和方法了,其实借助注释和工具书阅读浅易文言文,并理解基本内容并不难。

第八步:教师评价,强调文言文翻译的方法。

教师:文言文的学习,读准字音和停顿是前提,在此基础上能参考课下注释、查阅工具书理解文意是关键,所以应熟练掌握文言文翻译"信""达""雅"的原则和九字翻译法,同时结合具体的语言环境理解其含义。另外,关注一词多义、通假字、古今异义、词类活用等文言现象和特殊句式,对于准确理解文意是必不可少的。

解决第三类问题——有关内容的理解问题。

教师:在理解文意的基础上,下面我们一起来探究《〈论语〉十二章》的内容和现实意义。

怎样才能理解《〈论语〉十二章》的内容及现实意义?	←	在诵读基础上,结合孔子生平与思想,理解《〈论语〉十二章》的内容,体会其中倡导的修身和为学之道。

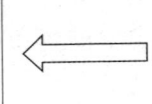

教师:孔子一生大体可分为五个阶段:30岁前,位卑而能"鄙事",有志于学;30—50岁,欲仕不能;50—55岁,在鲁从政;55—68岁,周游列国,历尽艰辛;65—73岁,安居鲁国,办教育,理六经。孔子的政治思想:孔子创立了以仁为核心的道德学说,政治上主张"仁者爱人""克己复礼"。他自己也是一个很善良的人,富有同情心,乐于助人,待人真诚、宽厚。"己所不欲,勿施于人""君子成人之美,不成人之恶",都是他的做人准则。教育思想:重视教育的作用,提倡有教无类、诲人不倦、因材施教。

第一步:学生读文本。

教师抛出问题:《〈论语〉十二章》中涉及的内容非常广泛,有学习方法、学习态度、个人修养等方面,请选择一个方面,联系实际谈谈体会。

> 《〈论语〉十二章》中涉及的内容非常广泛,有学习方法、学习态度、个人修养等方面,请选择一个方面,联系实际谈谈体会。

> 认真审题,圈画题目重点,明确题目要求,按顺序答全题目。

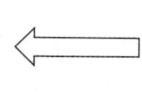

第二步:进入问题解决。

学生回答预设1:"逝者如斯夫,不舍昼夜。"我觉得这是在讲学习方法,告诉我们要珍惜每分每秒学习,不应荒废大好的学习时光。

教师板书:学习方法:逝者如斯夫,不舍昼夜。

第三步:教师指导点拨。

教师:说得非常好,"逝者如斯""不舍昼夜"两个成语就出自这一章。那么你能不能再审审题,看看你按题目要求答全了吗?

教师:本题还有一个要求"联系实际谈体会",当然联系自己的学习生活谈更容易些。

第四步:学生静心独立思考,修改自己的答案。

第五步:教师指定学生个体展示答案。

学生回答预设2:"逝者如斯夫,不舍昼夜。"我觉得这是在讲学习方法,告诉我们要珍惜每分每秒学习,不应荒废大好的学习时光。我上了初中后明显觉得学习越来越紧张了,所以我会抓紧每一分钟学习。比如,课间有不会的问题及时请教同学或老师,回家后先完成作业,然后再复习。

教师:回答得特别好,谁来说说这位同学是怎样将问题回答得这么好的?

学生回答预设3:从《〈论语〉十二章》中选择一章,从学习方法、学习态度、个人修养等方面选择一个方面,结合学习生活谈自己的感受。

教师:我们必须认真审题,圈画题目重点,按顺序答全题目。下面结合刚才所总结的方法,小组合作修改自己的答案。

第六步:小组讨论,修改自己所写的答案。

第七步:教师指定组代表展示本组归纳的答案。

学生回答预设1:"学而不思则罔,思而不学则殆。"这一则是讲学习方法,阐述学习和思考的辩证关系,认为二者不可偏废。学习和思考相结合,才能有所得。我在背古诗词的时候,一边思考意思是什么,一边背。这样边理解边背就很容易背下来了。如果只是死记硬背,特别不容易背,而且即使是背下来了,很快就又忘了。

　　学生回答预设2:"知之者不如好之者,好之者不如乐之者。"这里,孔子强调了学习兴趣的重要性:有了浓厚的兴趣,我们才会坚持不懈,持之以恒地去努力。孔子正是这一点的身体力行者,子在齐闻《韶》,三月不知肉味即为证明。

　　学生回答预设3:"三人行,必有我师焉。择其善者而从之,其不善者而改之。"这章讲正确的学习态度。向一切人学习,随时随地都要注意学习,不但要学习别人的长处,还要借鉴别人的短处反省自己,取长补短,弥补不足。我和好朋友各有所长,他擅长体育,我擅长语文。所以我俩经常互相帮助,他指导我跑步,我指导他语文。经过我们的共同努力,我们都在不断地进步。

　　教师板书:学习态度:三人行,必有我师焉。

　　学生回答预设4:"温故而知新,可以为师矣。"复习很重要,很多时候,经过复习,一些曾经不明白的问题解决了。所以一定要进行独立的思考,这样才能对学过的知识有新的理解和体会。我每学习完一篇课文都会进行归纳整理,这其实就是很好的复习。在整理过程中,我发现对于文章的理解更深入了。

　　学生回答预设5:"博学而笃志,切问而近思,仁在其中矣。"这是讲学习方法的,同时也是讲个人修养的。进学的门径:学欲广博,志欲坚定,外问于人,内思于心。既要广博地学习,又要有一个追求的中心,这就叫"博学而笃志"。既要多问问题,又不要好高骛远,不切实际地空想,而要多想当前的事情,与自己的实际情况密切相关的事情,这就叫"切问而近思"。学习的关键在于自身的体会,如人饮水,冷暖自知。所以,一定要从自身处去问,接近处去思。

　　教师板书:个人修养:博学而笃志,切问而近思,仁在其中矣。

　　第八步:教师评价,升华。

　　教师:同学们的回答非常精彩,打开了思路,我想这已经解决了刚上课时有的同学提出的"我们现在学习《论语》有什么用"的疑问。由于时间的问题,可能还有很多同学没能畅所欲言,我们可以在下节课继续分享大家的阅读感受。大家一定要认真审题,明确题目要求,按要求答题。另外,学以致用是最关键的,大家刚才结合了自己的学习生活,还有的结合孔子的故事,谈了感受。希望大家继续将理论应用于实践,在实践中践行《论语》精髓。

课堂总结

我们今天这节课借助课文注释,并通过查字典、参考其他资料,运用文言文翻译的原则和方法,结合具体语境,进行自主阅读,了解了重点词句的含义,疏通了文意,初步了解了课文含义。《〈论语〉十二章》的魅力还在于其中倡导的修身和为学之道对于当今社会的我们仍有指导意义,让我们在今后的学习和生活中不断将其发扬光大吧。

【板书设计】

《论语》十二章

学习方法:逝者如斯夫,不舍昼夜。

学习态度:三人行,必有我师焉。

个人修养:博学而笃志,切问而近思,仁在其中矣。

【智慧训练】

1. 下面是《论语》的九则语录,其中有论述"孝"的,有论述"礼"的,也有论述其他内容的。请仔细阅读,完成(1)至(3)题。(1)(2)题只填序号。

①子曰:"事父母几谏,见志不从,又敬不违,劳而不怨。"

②子曰:"见贤思齐焉,见不贤而内省也。"

③子入太庙,每事问。或曰:"孰谓鄹人之子知礼乎?入太庙,每事问。"子闻之,曰:"是礼也。"

④子贡欲去告朔之饩羊。子曰:"赐也!尔爱其羊,我爱其礼。"

⑤曾子曰:"吾日三省吾身:为人谋而不忠乎?与朋友交而不信乎?传不习乎?"

⑥子曰:"父母在,不远游,游必有方。"

⑦子曰:"人而不仁,如礼何?人而不仁,如乐何?"

⑧子曰:"学而不思则罔,思而不学则殆。"

⑨子曰:"父母之年,不可不知也。一则以喜,一则以惧。"

(1)论述"孝"的语录是:____、____和____。

(2)论述"礼"的语录是:____、____和____。

(3)从《论语》的九则语录中任选一则,写出你得到的启示。

2.《论语》中的智慧,至今影响着我们的思想和行为,请你结合下面任意一则,说说它带给你的转变。

第一则孔子谓季氏:"八佾舞于庭,是可忍也,孰不可忍也!"

第二则子曰:"君子欲讷于言而敏于行。"

第三则曾子曰:"吾日三省吾身:为人谋而不忠乎?与朋友交而不信乎?传不习乎?"

第四则孟武伯问孝。子曰:"父母唯其疾之忧。"

附 参考答案

1.(1)答案:①⑥⑨

(2)答案:③④⑦

(3)答案示例:从第⑧则中我得到的启示是:学习要和思考结合起来。

2. 答案示例一:第一则孔子对季氏用六十四人在自己的庭院中奏乐舞蹈这一非礼违礼之事感到愠怒。以前我见到不良行为不敢质疑批评,学了这则之后,我觉得对待不良行为应抱着零容忍的态度,坚决反对。

答案示例二:第四则孟武伯问孔子什么是孝,孔子却说"做父母的一心为儿女的疾病担忧",言外之意就是,当你想到生病时父母为自己担忧的那种心情,就会知道怎样尽孝道了。学了这一则,我比以前更关心、体谅父母了,我决心用实际行动报答父母的养育之恩。

(编写 万春艳)

阅读名著

了解主体内容,人物,思想意义和价值取向

藤野先生

【内涵释义】本点是指在阅读作品时能够整体感知作品的主要内容,在此基础之上理清主要人物的相关情节,从而分析出人物的性格特征、精神品质,在对人物的分析中体会作者的思想和基本价值立场、价值态度以及所表现出来的基本价值取向。

【引领读悟】
以《藤野先生》为例落实本点。
学习准备
学生具备阅读一般记叙文的基本能力,对文本内容能有自己的思考并提出自己的疑问。掌握了描写人物的方法以及五种常用表达方式。有基本的口头表达能力,能够积极表达自己对问题思考的结果和独到的见解。对鲁迅的生平和《朝花夕拾》这本书有所了解。通读全文,解决了生字词问题。教师对文章进行了自己的解读,对作者的生平经历和本文的写作背景有所了解,以便在课上更好地指导学生。准备好学生课堂学习的方法指导,结合学生的实际问题给予方法指导并能引导学生的思维过程,帮助学生形成自己的学习能力。

导入新课
教师:1902年4月,22岁的鲁迅到日本留学。先入东京弘文书院补习

日语。1904年进入仙台医学专科学校学医,在这期间结识了他的老师藤野先生。在回国后一直对他念念不忘,还专门写了一篇题目为《藤野先生》的回忆性散文,那么藤野先生究竟是一个怎样的人呢?今天就让我们一起学习《藤野先生》一文,去了解一下鲁迅先生心中的藤野先生。

叙述目标

本节课我们首先通过抓住重点段落和词句,积累自己喜欢的语句并设计研读问题来初步整体感知课文内容;其次通过概括文章的主要事件,品读人物描写来分析人物的性格特征和精神品质;最后,通过分析相关语段的作用来理解作者的思想感情。

阅读渐进引领

第一步:初读课文,整体感知文章或语段。

教师:我们明确了本节课的学习目标,下面就请同学们默读课文,圈画出你喜欢的语句,有感情地读给大家听,并且说明自己喜欢它的理由。

学生出声读课文,边读边圈画出自己喜欢的语句。

教师:下面哪位同学和大家分享一下你所喜欢的语句呢?

教师指定2—3名同学有感情地朗读自己喜欢的语句并简单说明喜欢的理由。

学生回答预设。

第一种情况:我喜欢"其时进来一个黑瘦的先生,八字须,戴着眼镜,挟着一叠大大小小的书"这句话,因为这句话写出了我第一次见到藤野先生时,藤野先生的样子,写出了藤野先生的朴实无华,所以我喜欢这句话。

第二种情况:我喜欢"我拿下来打开看时,很吃了一惊,同时也感到一种不安和感激"这句话,因为这句话写出了作者看到藤野先生为"我"修改讲义时的感激与不安之情,写得很生动,所以我喜欢这句话。

第三种情况:我喜欢"但是不知怎地,我总还时时记起他,在我所认为我师的之中,他是最使我感激,给我鼓励的一个"这句话,因为这句话直接抒发了鲁迅先生对藤野先生的感激之情。写出了藤野先生对于鲁迅的特殊意义——给鲁迅以鼓励,所以我喜欢这句话。

第二步:进入问题解决,悟读质疑。

教师:同学们在阅读过程中都很认真,能够独具慧眼发现自己喜欢的句子,不但能有感情地朗读,而且能把喜欢的理由娓娓道来。接下来请同学们结合文章的题目,对课文进行提问,提问可以涉及课文的任何方面,要求至少提3个问题。那么,都可以对文章的哪些方面进行提问呢?老师可以给大家一些指导。

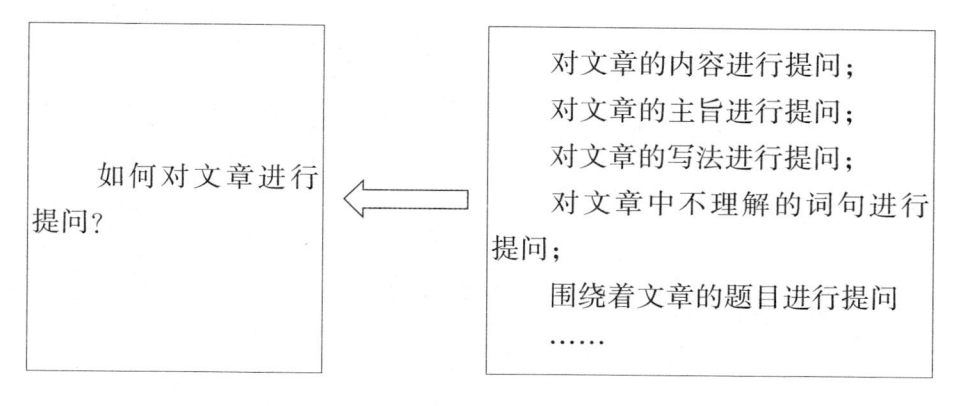

| 如何对文章进行提问? | ← | 对文章的内容进行提问;
对文章的主旨进行提问;
对文章的写法进行提问;
对文章中不理解的词句进行提问;
围绕着文章的题目进行提问…… |

学生根据教师的指导阅读文章,提出自己的问题。

教师:我看同学们阅读得很认真,下面谁来和大家交流一下自己提出的问题?

学生回答预设。

第一种情况:文章围绕着我和藤野先生写了哪几件事?

第二种情况:藤野先生是一个什么样的人?

第三种情况:为什么藤野先生是"最使我感激,给我鼓励的一个"?

第四种情况:作者为什么不留在东京要去仙台学医,后来又不学医学离开仙台?

第五种情况:本文的题目是"藤野先生",为什么有大量的段落不是写藤野先生,例如1—5段、24—31段,这些段落和藤野先生有什么关系吗?

第六种情况:藤野先生为什么要问我中国女人裹脚的事情?

第三步:教师指导点拨。

教师:大家提的问题都很好,说明大家认真读了课文并且进行了思考,下面我们就把这些问题进行一下梳理归类,老师把大家提出的问题归纳为三个问题:第一,本文叙述了藤野先生做的几件事?从这些事中可以看出藤野先生是一个怎样的人?第二,文章的1—5段、24—31段和描写藤野先生有什么关系?第三,为什么藤野先生是最使我感激,给我鼓励的一个人?

教师:首先,我们先来概括藤野先生所做的几件事。我们应该怎么做才能准确、全面地概括出这几件事呢？请大家看投影。

怎样全面、准确地概括出我和藤野先生之间发生的几件事？	←	首先确定总体文字范围，再划分每件事的起始段落，然后再分别概括每件事。 要做到准确概括，可以用"谁干了什么，结果怎么样"的句式来概括事件。

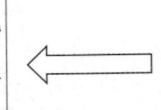

教师：下面就请同学们先确定集中叙述藤野先生所做事情的段落范围。

学生：6—23自然段。

教师：不错，下面就请同学们按照老师指导的方法概括藤野先生做的几件事。

学生阅读相关段落，概括事件，教师巡视指导。

学生：藤野先生要了"我"的讲义并且为"我"修改了。

教师：能更简洁一点吗？

学生：藤野先生为"我"修改讲义。

教师：不错，这样更简洁了，但是还不够准确，你能把修改变为文中的一个词语吗？

学生：藤野先生为"我"添改讲义。

教师：不错，希望同学们在概括事件的时候一定要注意语言简洁，意思准确。接下来谁还说？

学生回答预设。

第一种情况：藤野先生为"我"指出解剖图的错误。

第二种情况：藤野先生关心"我"，怕"我"不肯解剖尸体。

第三种情况：藤野先生问"我"中国女人裹脚的事情。

教师：同学们概括的既简洁又全面。

第四步：学生静心独立思考，读出认识、读出感受。

教师：从这些事件中，我们可以看出藤野先生是一个怎样的人呢？请同学们按照投影上的要求分析。

阅读名著

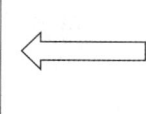

| 藤野先生是一个什么样的人？ | ← | 请同学们在文中找到对藤野先生进行描写的语句和事件，再用恰当的词语概括。最后用"我从__事件中的__（具体描写内容）看出藤野先生是一个__的人"的句式表述。 |

教师：按照投影的要求，老师给大家做一个示范，我从藤野先生为我添改讲义事件中的"原来我的讲义已经从头到末，都用红笔添改过了"看出藤野先生是一个认真负责的人。请同学们认真思考，按照老师给的范例表达你的见解。

第五步：教师指定学生个体展示答案。

教师：下面请同学们展示自己的答案。

学生回答预设。

第一种情况：我从藤野先生为我添改讲义事件中的"连文法的错误，也都一一订正"看出藤野先生是一个对学生认真负责、一丝不苟的人。

第二种情况：我从藤野先生为我纠正解剖图事件中的"你看你将这条血管移了一点位置了，自然这样一移，的确比较的好看些，然而解剖图不是美术，实物是那么样的，我们没法改变它。现在我给你改好了，以后你要全照着黑板上那样的画"看出藤野先生是一个认真、仔细、负责又善于引导学生的人。

第三种情况：我从藤野先生询问我中国女人裹脚事件中的"总要看一看才知道，究竟是怎么回事"看出藤野先生是一个实事求是、求真务实的人。

第四种情况：我从藤野先生关心我做解剖实验事件中的"我因为听说中国人很敬重鬼的，所以很担心，怕你不肯解剖尸体，现在总算放心了，没有那么回事"看出藤野先生是一个关心学生，为他人着想的人。

教师：除了在这些具体的事件中，作者对藤野先生的动作、语言进行了描写，文中还有对藤野先生进行描写的语段吗？

学生：在课文的第6—10自然段，对藤野先生进行了描写。

教师：那请同学们分析一下，从这些描写中我们可以看出藤野先生是一个什么样的人？

学生：从"戴着眼镜，挟着一叠大大小小的书"可以看出藤野先生是一个很有学问的人。

教师总结:不错,我们通过对藤野先生做的事和对他的描写中分析出他是一个有学问,关心学生,对工作认真负责,对学问实事求是、一丝不苟的人。请同学们记住这一方法。

教师:我们接着解决第二个问题,文章的1—5段、24—31段和描写藤野先生有什么关系?要想弄清这个问题,我们就要先弄清楚这两部分都写了什么内容?下面请同学们用自己喜欢的方式阅读这两部分内容,概括这两部分分别写了什么内容?

学生用自己喜欢的方式阅读课文,思考问题。

学生:1—5段写作者来到东京,看见清国留学生赏樱花、学跳舞。

教师:那么这些留学生到东京留学应该干什么呢?

学生:学习知识。

教师:对啊,可是他们天天游玩、赏花、跳舞,鲁迅看后有什么感受?

学生:失望。

教师:你从哪里看出来的?

学生:我从"东京也无非是这样"中的"无非"一词看出来的。

教师:很好,所以鲁迅先生从东京来到了仙台,那么在仙台学医的时候发生了什么事?请大家接着说。

学生:文章第24段到31段写了我收到了讥讽我的匿名信和看电影事件。

第六步:小组讨论归纳答案。

教师:那么这些内容和写藤野先生有什么关系呢?请各小组在组内展开讨论,做好记录,然后在班级交流自己小组的见解。

学生小组讨论,准备交流。

第七步:指定学生组代表展示本组归纳的答案。

教师:同学们讨论得都很认真,下面哪个小组先展示自己小组的见解?

学生:我们小组的看法是文章的1—5段写作者对清国留学生感到失望,所以才会去仙台,这也是作者能够遇见藤野先生的原因。还写了在仙台受到了职员的优待,为下文作者得到藤野先生的关心做了铺垫。

教师:那么,作为中国人的清国留学生不为祖国前途担忧,一天吃喝玩乐,而作为一个外国人,藤野先生关心我的学习,关心医学传到中国,这又说明了什么呢?

学生回答预设。

第一种情况:说明藤野先生有着"为中国、为医学"的崇高境界。

第二种情况:"匿名信事件"说明日本青年人看不起中国人,认为中国学生考好了就是漏题,这和藤野先生关心我,尊重我形成对比,衬托出藤野先生不歧视中国人,没有民族偏见。而看电影事件改变了我的"意见",我决定不学医学了,才有后面的与藤野先生分离的情节发展。

教师:好,这一组同学分析得特别透彻,有条理。让我们为他们鼓掌。

教师小结:我们分析人物形象的时候,不仅仅要看对他进行直接描写的语段,还要关注间接描写他的语段,这样才能全面、准确地分析一个人物的形象。

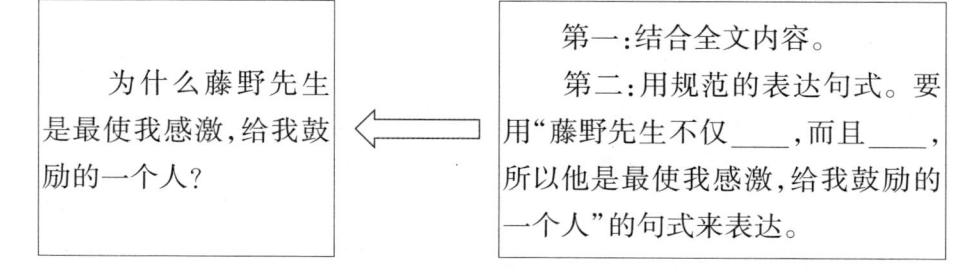

准确地分析一个人物的形象	←	既要分析直接描写的语段,还要分析间接描写他的语段,这样才能全面、准确地分析一个人物的形象。

教师:现在我们再来解决第三个问题,为什么藤野先生是最使我感激,给我鼓励的一个人?请同学们结合我们之前的分析,用"藤野先生不仅_____而且_____所以藤野先生是最使我感激,给我鼓励的一个人"的句式,写一段话进行总结。

为什么藤野先生是最使我感激,给我鼓励的一个人?	←	第一:结合全文内容。 第二:用规范的表达句式。要用"藤野先生不仅____,而且____,所以他是最使我感激,给我鼓励的一个人"的句式来表达。

学生回答预设。

第一种情况:藤野先生不仅帮我添改讲义,关心我的解剖实习,而且还没有民族偏见,十分尊重我,所以他是最使我感激,给我鼓励的一个人。

第二种情况:藤野先生不仅对工作认真负责而且他没有民族偏见,还希望中国有新的医学,希望新的医学传到中国去,所以他是使我感激,给我鼓励的一个人。

第三种情况:藤野先生不仅为人正直、对待工作热忱,而且没有狭隘的民族偏见,所以他是最使我感激,给我鼓励的一个人。

第八步:教师或学生评价,确认(或补充)答案,升华——强化做这类题重点的、带规律性的学习方法,掌握要求(明确积累内容)和相关注意。

教师:同学们散文的特点就是"形散而神不散"所有的材料都是为人物服务,为中心服务,所以本文无论是开头对东京留学生的描写,还是写我在仙台受到的优待以及匿名信事件和看电影事件,都是为了刻画藤野先生这一人物形象服务的,都是为了表达作者对藤野先生的思念、感激之情服务的。

课堂总结

教师:本节课我们随着鲁迅先生的笔触,走近了认真、负责、严谨、求真务实、没有民族偏见的藤野先生;感受到了鲁迅先生对自己老师的思念与感激之情;学习到了从典型事例、人物描写和侧面描写入手分析人物形象的方法。相信同学们在这节课中都大有收获。

【板书设计】

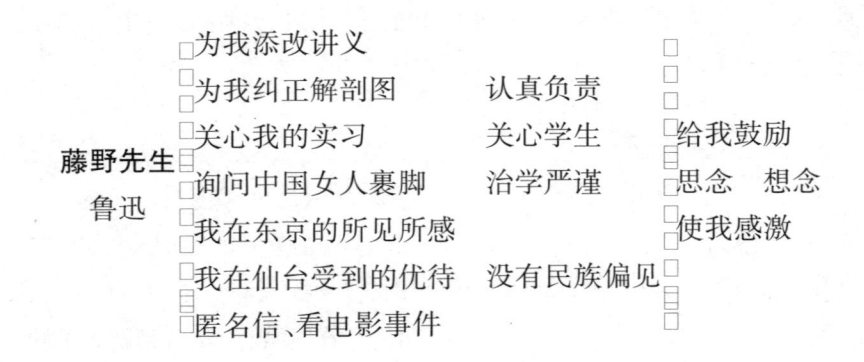

	为我添改讲义		
	为我纠正解剖图	认真负责	
藤野先生	关心我的实习	关心学生	给我鼓励
鲁迅	询问中国女人裹脚	治学严谨	思念 想念
	我在东京的所见所感		使我感激
	我在仙台受到的优待	没有民族偏见	
	匿名信、看电影事件		

【智慧训练】

老母为我"扎红"

冯骥才

今年是马年,我的本命年,又该扎红腰带了。

在古老的传统中,本命年又称"槛儿年",本命年扎红腰带——俗称"扎红",就是顺顺当当"过槛儿",寄寓着避邪趋吉的心愿。故每到本命年,母亲都要亲手为我"扎红"。记得12年前我甲子岁,母亲已86岁,却早早为我准备好了红腰带,除夕那天,亲手为我扎在腰上。那一刻,母亲笑着、我笑着、屋内的人也笑着。所有孩子自出生一刻,母亲最大的心愿莫过于孩子的健康与平安,这心愿一直伴随着孩子的成长而执着不灭;而我竟有如此洪福,60岁还能感受到母亲这种天性和深挚的爱。一时心涌激情,对母亲说,待我12年后,还要她再为我扎红,母亲当然知道我这话里边的含意,笑嘻嘻地连说一个字:好、好、好。

12年过去,我的第六个本命年来到,如今72岁了。

母亲呢?真棒!她信守诺言,98岁寿星般的高龄,依然健康,面无深皱,皮肤和雪白的发丝泛着光亮;最叫我高兴的是她头脑仍旧明晰和富于觉察力,情感也一直那样丰富又敏感,从来没有衰退过。而且,一入腊月就告诉我,已经预备了红腰带,要在除夕那天亲手给我扎在腰上,还说这次腰带上的花儿由她自己来绣。她为什么刻意自己来绣?她眼睛的玻璃体有点浑浊,还能绣吗?她执意要把深心的一种祝愿,一针针地绣入这传说能够保佑平安的腰带中吗?

于是在除夕这天,我要来体验七十人生少有的一种幸福——由老母来给"扎红"了。

母亲郑重地从柜里拿出一条折得分外齐整的鲜红的布腰带,打开给我看;一端——终于揭晓了——是母亲亲手用黄线绣成的四个字"马年大吉"。竖排的四个字,笔画规整,横平竖直,每个针脚都很清晰。这是母亲绣的吗?母亲抬头看着我说:"你看绣得行吗,我写好了字,开始总绣不好,太久不绣了,眼看不准手也不准,拆了三次绣了三次,马(馬)字下边四个点儿间距总摆不匀,现在这样还可以吧。"我感觉此刻任何语言都无力于心情的表达。妹妹告诉我,她还换了一次线呢,开头用的是粉红色的线,觉得不显眼,便换成了黄线。妹妹笑对母亲说,你要是再拆再绣,布就扎破了。什么力量使她克制着眼睛里发浑的玻璃体,顽强地使每一针都依从心意、不含糊地绣下去?

母亲为我"扎红"时十分认真。她两手执带绕过我的腰时,只说一句:"你的腰好粗呵。"随后调整带面,正面朝外,再把带子两端汇集到腰前正中,拉紧拉直;结扣时更是着意要像蝴蝶结那样好看,并把带端的字露在表面。她做得一丝不苟,庄重不阿。

我比母亲高出一头还多,低头正好看着她的头顶,她稀疏的白发中间,露出光亮的头皮,就像我们从干涸的秋水看得见洁净的河床。母亲真的老了,尽管我坚信自己有很强的能力,却无力使母亲重返往昔的生活——母亲年轻时种种明亮光鲜的形象就像看过的美丽的电影片段那样仍在我的记忆里。

然而此刻,我并没有陷入伤感。因为,活生生的生活证明着,我现在仍然拥有着人间最珍贵的母爱。我鬓角花白却依然是一个孩子,还在被母亲呵护着。而此刻,这种天性的母爱的执着、纯粹、深切、祝愿,全被一针针绣在红带上,温暖而有力地扎在我的腰间。

感谢母亲长寿,叫我们兄弟姐妹们一直有一个仍由母亲当家的家;在远方工作的手足每逢过年时依然能够其乐融融地回家过年,享受那种来自童年的深远而常在的情味,也享受着自己一种美好的人生情感的表达——孝顺。

孝,是中国作为人的准则的一个字。是一种缀满果实的树对根的敬意,是万物对大地的感恩,也是人性的回报和回报的人性。

我相信,人生的幸福最终还来自自己的心灵。

此刻,心中更有一个祈望,让母亲再给我扎一次红腰带。

这想法有点神奇吗? 不,人活着,什么美好的事都有可能。

1. 研读文章6、7两段,试举一例,简要分析作者是如何来刻画母亲这一形象的。

2. 请用自己的语言,谈谈你如何理解"人生的幸福最终还来自自己的心灵"这句话。

附　参考答案

1. 答案要点:有事例,母亲为我"扎红"的事件或扎红过程中,母亲的语言、动作等细节(均可),表现出母亲的特点(认真细致、庄重严肃,表现了母亲对孩子执着深切、"不含糊"的爱)。

2. 要点:只有心灵觉得幸福满足了,才会真正感觉到幸福。(意思相近即可)

(编写　李蕊)

对作品有自己的独特感受和体会，并从作品中获得有益启示

背影

【内涵释义】

所谓阅读的独特感受和体验，是指读者把已有的生活经验引进阅读中来，让读者的生活经验与阅读经验全方位、多层次、多角度地接触、碰撞、交流，提升对文章内容、人物、主题的认识层次，从而更好地理解文本内涵。所谓对自然、社会、人生的有益启示即是读者通过阅读作品，把个人从文本中所获得的独特感受和体会经过系统化的梳理，形成"感于内而发于外"的人生经验。

【引领读悟】

以朱自清的《背影》一文为例落实本点。

学习准备

概括事件内容：借助记叙文核心要素概括事件主要内容，即人＋事＋果。

把握文章结构，理清行文思路：划分文章的结构层次，梳理文章思路，理解文章各部分之间的组织和安排。

了解五种主要表达方式：叙述、描写、抒情、议论、说明。

掌握人物描写（动作描写、语言描写、心理描写、神态描写等）、细节描写在文章中的作用。

导入新课

教师：父亲是一部厚重的大书，年轻的我们常读不懂，直到我们真正长大，站在生活的十字路口，背负着现实的压力，眼中充满迷茫时，才能读懂父亲那颗沧桑的心。让我们通过"背影"这一感情的聚焦点，一同感受这清晰而又模糊的"背影"所表现的父爱深情。今天我们运用学习过的写人散文的阅读方法来阅读朱自清的《背影》，看看我们能获得哪些有益的人生启示。

叙述目标

本节课我们通过圈点批画等方法提升对文章内容、人物、主题的认识层次，整体感知文章内容。通过对父亲的外貌、动作、语言的描写进行分析，形成个性化理解；梳理作者几次流泪的过程，体会作者的情感变化，领会作者的心理历程，感受深厚动人的父子深情，并从作品中获得有益的人生启示。

阅读渐进引领

第一步：学生自读文本，初步感知文章，明确积累内容。

教师：请同学们选用自己喜欢的方式阅读课文，圈画重点词句，把你不理解的内容画出来。

学生朗读课文，注意朗读的语气和感情的投入。

学生间交流圈画的重点词句，并通过整合词句概括本文的主要内容。

学生问题预设1：这篇文章以"背影"为题，为什么前面写了那么多好像与"背影"无关的内容？

学生问题预设2：作者为什么要选择"背影"这个角度写自己的父亲呢？

学生问题预设3：作者去北京读书时已将近20岁了，面对已经成人的儿子父亲为什么还如此放心不下，对他像小孩子一样地照顾？

学生问题预设4：作者与父亲已多年不见面，为什么唯独对"背影"念念不忘呢？

教师：同学们提出的问题很多也很好，我把同学们的疑问集中到两个问题上来，那就是我们该如何理解这篇文章的感情聚焦点"背影"，以及文章的其他内容与"背影"的关系。

第二步：进入问题解决。

教师：要想解决第一个问题，我们首先要知道这篇文章的内容是什么，请同学们先来概括一下本文的主要内容。

学生回答预设：这篇散文讲的是作者回忆当年离开南京到北京大学读

书,父亲送他到火车站,照料他上车。然后父亲替他买橘子时在月台爬上攀下时的背影,在作者脑海里留下了深刻的印象,使作者深深感受到了父亲的关怀和爱护。

教师点拨:这位同学运用到了记叙文的六要素来概括文章的主要内容,很好!这篇文章是以"背影"为题,那么"背影"一定是作者重点要写的对象,下面我们来一起重点分析一下这个"背影"。

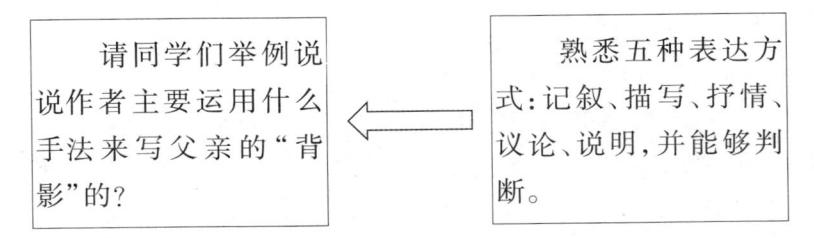

| 请同学们举例说说作者主要运用什么手法来写父亲的"背影"的? | ← | 熟悉五种表达方式:记叙、描写、抒情、议论、说明,并能够判断。 |

学生回答预设:作者主要是运用了描写和抒情的表达方式写父亲的"背影"的。

教师:能举例说说吗?

学生回答预设1:第六段中"我看见他戴着黑布小帽,穿着黑布大马褂,深青布棉袍",黑色给人压抑的感觉,作者运用外貌描写父亲的"背影"暗示父亲丧母失业的沉重心情。

学生回答预设2:第六段中"蹒跚地走到铁道边,慢慢探身下去,尚不大难。可是他穿过铁道,要爬上那边月台,就不容易了。他用两手攀着上面,两脚再向上缩;他肥胖的身子向左微倾,显出努力的样子。""蹒跚""探""攀""缩""微倾",几个动词说明父亲爬月台时很艰难,作者运用动作描写描写父亲的"背影",表明父亲爱子情深。

学生回答预设3:第七段"我读到此处,在晶莹的泪光中,又看见那肥胖的、青布棉袍黑布马褂的背影。唉!我不知何时再能与他相见!"作者运用了抒情的表达方式写出了他对父亲"背影"的怀念。

教师:同学们举的例子都很准确。作者运用外貌、动作描写和抒情的表达方式,写出了一个让人感动的背影!父亲送别时的背影深深感动了作者也感动了我们,这篇文章以"背影"为题目,文章中多次提到父亲的背影,"背影"不仅是这篇文章的线索也是作者感情的聚焦点。

引领读悟：议论文　文言文　名著　>>>

> 再读文章中描写"背影"的段落，分析关键词语，做旁批，并用"这是一个（　）的背影"的句式说说你对背影的理解。

> 在文章旁边写批语。批语可以是赏析式的，也可以是感悟式的，还可以是拓展式的。

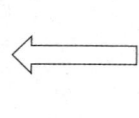

学生回答预设1：第一段中"我最不能忘记的是他的背影"，"最"字说明"这是一个难忘的背影"。

学生回答预设2：第六段中"我看见他戴着黑布小帽，穿着黑布大马褂，深青布棉袍"，黑色给人压抑沉重的感觉，所以我认为"这是一个沉重的背影"！

学生回答预设3：第六段中"蹒跚地走到铁道边，慢慢探身下去，尚不大难。可是他穿过铁道，要爬上那边月台，就不容易了。他用两手攀着上面，两脚再向上缩；他肥胖的身子向左微倾，显出努力的样子。"通过动作描写表现父亲爬月台时的吃力和艰难。父亲是一个胖子，却要如此艰难爬月台买橘子，所以我认为"这是一个艰难的背影"！

教师点拨：文中描写普普通通的"背影"之所以会如此感人，正是作者通过外貌、动作等描写，把父亲最本质、最真诚的内心情感鲜明而又逼真地呈现在读者面前，同学们也通过抓住不同的细节描写形成了对"背影"不同的理解和感受，不管同学们如何理解父亲的"背影"，这独特的感受一定都来自父亲深沉的爱。

第三步：教师点拨。

教师：仅仅通过父亲的"背影"来表现父子情深一定是不够的，作者除了描写父亲的"背影"，还抓住了父亲的哪些特点来体现父亲对他的关爱呢？

学生回答预设：文章中还抓住了父亲的"语言"来体现父亲对自己的关爱。

教师点拨：父亲性格内向，加之处境艰难，所以话语简短而不冗长，但不多的话语几乎都是深情的流露，是对儿子的关切、叮嘱，可谓言短情深，爱子在心。

> 请同学们找出这些语言描写再体会这字里行间的父爱。 ← 了解语言描写:通过描写人物的语言,表达人物情感,反映人物性格特征。

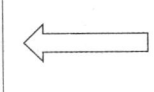

小组成员互助:自己先画出语言描写,体会父亲对儿子的情感。找出自己不能解决的问题,小组内交流。

学生回答预设1:"不要紧,他们去不好。"父亲当时急于谋事,在生存的巨大压力之下,忧心如焚,但是儿子在他心目中高于一切,唯恐儿子路上有什么闪失,所以最后决定还是由自己亲自送。

学生回答预设2:"我买几个橘子去,你就在此地,不要走动。"父亲已经把儿子送上车,已经关照得无微不至,儿子也劝父亲可以走了,而父亲还觉得没有尽够心意,看见站上有卖橘子的,便要去给儿子买橘子。过铁道不容易,父亲也看在眼里,自己费点事,能让儿子受用,他是心甘情愿的。他还生怕儿子跟着出来,忘了行李。父亲的关怀真是无微不至的。

学生回答预设3:"我走了,到那边来信!"父亲又惦念路途遥远,要等儿子回到北京来信报平安,才能放心。

学生回答预设4:"进去吧,里边没人。"父亲走了几步就回头,可见心里还是惦记着儿子,依依不舍。他又想儿子所带的行李一刻也不能疏忽,叫儿子小心,什么都为儿子着想。

教师:同学们通过分析父亲的语言进一步体会了父亲对儿子的关爱,也使得我们对父亲的形象有了更深一步的理解。文中父亲的形象之所以生动感人,是因为作者运用了多种描写手法进行了深入细致的刻画,希望同学们在阅读写人文章的时候多关注人物描写,通过分析人物描写理解人物的形象、性格特点。

教师:在那个祸不单行的日子里,年老体胖的父亲,吃力地爬月台为儿子买橘子的形象,定格在我们的心中。他的背影让人动容,面对父亲的背影,作者又是如何体会的呢?

学生回答预设:作者多次感动得流下了眼泪。

教师:作者每一次流泪的情景不同,那么他的心情又是怎样的呢?请同学们找出文中描写作者流泪的语段,选择你感受深刻的一次继续做旁批。

展示学生的旁批：

学生回答预设1："到徐州见到父亲，看见满院狼藉的东西，又想起祖母，不禁簌簌地流下泪来。"见到父亲，目睹破落家境，又想祖母——这是难过的泪！

学生回答预设2："这时我看见他的背影，我的泪很快地流了下来。"望见父亲为自己买橘时艰难的背影——这是感动之泪！

学生回答预设3："再也找不着了，我便进来坐下，我的眼泪又来了。"看不见送别的父亲背影了——这是惜别的惆怅之泪！

学生回答预设4："我读到此处，在晶莹的泪光中，又看见那肥胖的、青布棉袍黑布马褂的背影。"读父亲信，再现父亲背影——这是思念之泪！

教师：父亲在生活压力沉重，心情极其糟糕的情况之下，克制住自己的悲痛与压抑，为儿子送行。这是多么难能可贵的行为呀！这一陌生而又熟悉的，清晰而又模糊的"背影"所表现的父爱，打动了作者，打动了同学，也打动了我。世界上父亲对孩子的爱有千万种。有的是直接坦白，恨不得把"爸爸爱你"这样的话挂在嘴边，有的是平淡含蓄，点滴之中露真情，每一个父亲表达爱的方式都不同，所以我们每个人拥有的都是一个"独一无二"的父亲。

第四步：学生静心独立思考问题。

通过作者对父亲的回忆，你认为作者展现在我们面前的是一个怎样的父亲？	←	凭借自身的阅读经验和对文章不同程度的理解，说出自己对"父亲"形象的独特认识，进一步体会父子之间的感情。

第五步：教师指定个体展示答案。

教师指定学生回答问题。

学生回答预设1：文章第四段"我买票，他忙着照看行李。他便又忙着和他们讲价钱。我那时真是聪明过分，总觉得他说话不大漂亮，非自己插嘴不可，但他终于讲定了价钱。""他嘱我路上小心，夜里要警醒些，不要受凉。又嘱托茶房好好照应我。他们只认得钱，托他们只是白托。"此时的作者已经是二十几岁的人了，难道还不能料理自己吗？而且作者也来往北京两三次了，可父亲依旧不放心，我觉得他是一个"迂腐"的父亲。

学生回答预设2：文章中前几段交代了作者当时的家境发生了变故，一家人艰难度日，在这种情况下，父亲依然支持儿子读书，还亲自到车站送儿子。橘子并不是生活的必需品，但父亲为了让儿子路上能够解渴，不顾自己矮胖的身躯，翻过月台为儿子买橘子。从这些内容中我感受到他是一个"慈爱"的父亲。

学生回答预设3：这个父亲独自承受丧母之痛却极力安慰儿子"天无绝人之路"；这个父亲身穿的是黑色的大马褂，送给儿子的却是紫毛的皮大衣；这个父亲背负着沉重的生活负担，塞给儿子的却是甘甜的蜜橘。所以我认为他是一个"艰辛"的父亲，更是一个"伟大"的父亲。

教师：同学们通过思考说出了对"父亲"形象的不同理解，因为我们每个人所关注的角度不同，所以对父亲的理解也不同，但是大家都能够根据自己的分析理解言之成理，所以我觉得大家说得都很有道理。不管这是一个怎样的父亲，他对儿子的爱都是最让我们感动的。面对父亲的爱，儿子又是怎样表现的呢？

| 面对父亲内敛而又深沉的爱，儿子并不是一开始就能够深深地体会，在文章中，作者经历了怎样的情感变化过程？ | ⟵ | 在相关的语段中画关键词句，找到作者情感变化的词语，注意关注描写作者心理的语句，进一步体会作者的情感历程。 |

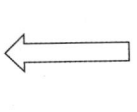

第六步：小组讨论归纳答案。

小组讨论归纳答案。

指定组代表展示本组归纳的答案。

学生回答预设：当年，年轻的作者见到丧母又失业的父亲时"不禁簌簌地流下眼泪"，那时只是觉得很伤感，还并不理解父亲的艰辛。当父亲因不放心坚持送我去车站，蹩脚地和脚夫讲价钱，啰嗦地叮嘱我时，"我心里暗笑他的迂"，那时的我根本不理解父亲对我的爱；当我看到父亲艰难地爬月台给我买橘子时我被"父爱"深深地感动；近些年来与父亲见面越来越少，想到父亲艰难的一生，"哪知老境却如此颓唐"，我甚至有些自责；当我看到父亲的来信，"在晶莹的泪光中"又回忆起父亲的背影，我终于理解了父爱。

教师：浦口送别的时候朱自清才20岁，因为年轻，所以他当时也会对父亲琐碎的表达爱的方式表示不耐烦，是父亲的关爱与话语使作者受到情感上的触动，在经历了分别时的依依不舍和别后的思念，曾经不懂事的儿子已然长大。他把自己这种真实的感受，真实的情感经历勇敢地展现在了众人面前，我想，这也是这篇文章最感人至深的地方。现在我们再思考一下同学们在一开始提出的问题，看看能不能找到答案。

本文以"背影"为题，可文章的开头有两段却似乎写了一些与"背影"毫无关系的内容，现在你能说说作者为什么要写这些内容了吗？	←	把前几段交代的内容与文章后面发生的事情联系起来，想一想这些事件彼此之间有什么关系。

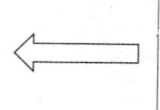

第七步：指定组代表展示本组归纳的答案。

学生回答预设：文章开头写家境贫穷，"父亲"差使交卸了，祖母死了，"父亲"变卖典质，安葬了祖母，家境十分贫寒。这是在交代父亲是在怎样一种情况下给我送行的。接着又写到"父亲"亲自到车站送别，和车夫讲价钱，上车给"我"挑选座位，并帮我铺好大衣等四件事。作者写这些要表达的意思一是要告诉我们家里这样穷，可是"父亲"还是让"我"穿好；二是告诉读者"父亲"作为一家之主，生活压力这么大还是不顾一切来照顾"我"，可见"父亲"对"我"是怎样一种关爱之情。

第八步：教师评价点拨。

教师：根据刚才同学的回答可以看出作者之所以前面写这些看似无关的内容实际上是为后文做铺垫。在祸不单行的日子里，在万般艰难的背景下，困顿的父亲再也不能承受儿子有一丁点的闪失，这也是为什么父亲对一个几近成年的儿子倾注如此的关怀的原因，保全儿子是父亲唯一的慰藉。明白了这一点，我们再理解这沉重的父爱是否又多了一重心酸呢？泪眼婆娑中，一切都变得模糊，唯有那幅沉重而又艰难的背影凝固在眼前。学习完这篇文章，同学们一定会想起自己的父母，请大家说一说今后应该怎样对待父母之爱呢？

学生回答预设1：面对父母的养育之爱我们应该学会感恩。

学生回答预设2:面对父母的艰辛我们应该学会孝顺。

学生回答预设3:面对父母的训诫我们应该学会理解。

教师:读了《背影》,我们不由得感慨"可怜天下父母心"!中国传统文化中"孝"字当先。我们的父母为我们付出了太多,看到他们日渐增多的白发,加深的皱纹,弯曲的脊背……作为子女的你能无动于衷吗?你是不是理解自己的爸爸妈妈,你是不是有办法让父母少操一份心,多露一丝微笑。希望所有的同学都能体谅父母、理解父母、关爱父母、感恩父母,争做孝子。

课堂总结

本文中"背影"是全文描写的焦点,同学们在理解文章主要内容和把握文章结构的基础上,还要抓住"背影"这一感情的聚焦点,通过分析描写手法和体会作者的情感经历,进一步理解父亲那个不怎么优美的背影中所蕴含的父亲深厚的爱子之心和作者绵绵的念父之情。通过欣赏这篇文章,希望同学们能够对父母养育之情有所感悟,受到爱的熏陶,获得美的启迪。

【板书设计】

背影
朱自清
关怀←——→疼爱

```
            回忆父亲   艰辛的
            望父买橘   迂腐的
       子                         父
            父子话别   慈爱的
            别后思念   伟大的
```

理解　感动　愧疚

【智慧训练】

阅读《赎回良心》,完成问题。

二十多年前,那时我读高中,手表还是稀罕物。有一天,同桌买了一块新手表,戴在手上,挽起衣袖神气得很,惹得全班同学羡慕不已。班上很快又有几个人买了新手表。我做梦都想拥有一块手表,也好让别人羡慕一回。星期天回家的时候,我鼓起勇气对母亲说:"妈,我想买一块手表。"母亲说:

"家里连稀粥都快没得喝了,哪有钱给你买手表?"听了母亲的话我很失望,草草喝了两碗稀粥就准备返回学校。突然,父亲开口问道:"你要手表干什么?"

父亲的话又燃起我的一点希望,我连忙谎称道:"现在加班加点复习功课准备高考,毕业班都不按学校的时间表上课,班上人人戴手表,自己看时间。"说完,我着急地等待父亲说一句答应的话,可他却蹲在门口,什么也没有说。

两手空空回到学校,我再也不敢做戴手表的美梦了。然而几天后,母亲突然来到学校,从内衣里掏出一个小小的花布包,打开一层又一层,里面竟是一块崭新的上海牌手表。我接过手表,戴到手上,立刻有一种飘飘欲仙的感觉。我挽起一圈衣袖,好让别人能看见我的手表。

见我这样子,母亲连忙将我的衣袖放下来,说:"这么贵重的东西,用衣袖罩住,也好护一护。千万别弄丢。我走了。"我把母亲送到学校门口问:"家里怎么突然有钱了?"母亲说:"你爸卖了一回血。"

父亲卖血给我买手表?!我的脑袋"嗡"地一响,心里难受极了。送走母亲后,我就把手表取下来,重新用布包好。当天我就向同学打听,有谁要买新手表。同学们问我自己为什么不戴,我说不想戴。他们不信,认定我的手表一定有毛病,竟没有一个人愿意买。

最后,我请班主任帮忙寻找买主,并流着眼泪把事情真相告诉了他。班主任拍拍我的肩膀说:"别难过。我正好要买一块手表,就转让给我吧。"班主任按原价买下了我的手表,而我从来没见班主任戴过新表,每次问他为什么不戴时,他总是笑而不语。后来我考上了大学,并留在了远离家乡的省城工作,但那块手表却成了我心底永远放不下的挂念。后来找机会我特意回了趟老家,找到当年的班主任,问起那块手表。班主任已经老了,头发也花白了,他告诉我说:"手表还在。"说着,便从衣柜里取出母亲当年用的那个小花布包,一层层打开,里面的手表竟然还是崭新的!我惊奇地问:"您怎么不戴它?"班主任说:"我等你回来赎呢。"我又问:"您怎么知道我会回来赎它?"老师说:"因为它不光是一块手表,更是一个人的良心。"

1. 父亲为什么要给儿子买这块手表?
2. 在知道父亲卖血给我买手表的事以后,我是怎样的心理活动?
3. 说一说为什么手表成了我心底永远放不下的挂念?

4. 文章以"赎回良心"为题表达了作者什么感情？作者为什么会产生这样的感情？

附　参考答案

1. 凝聚了父亲爱儿子、希望儿子努力读书,学有所成的愿望。
2. 震撼、内疚、羞愧
3. 因为这块手表是父亲爱我并对我寄予全部期望的见证物,是我心底永远的珍藏。它当然成了我心底永远放不下的挂念。
4. 对自己的深深自责,对父亲的深深敬意。

（编写　吉杨）

后　记

　　为了解决初中语文教师备课中的各种问题，落实区教育委员会领导关于"提高教师课前准备的功夫"的指导，打造确有实效的初中语文课堂基础，培养本区的高端初中语文教师，在语文课堂准备研修班的基础上，区教育委员会为我们成立了李树方刘大庆语文名师工作室。

　　名师工作室把研究重点放在课堂准备上，经过多年潜心研究，特级教师李树方探索出渐进阅读指导八步教学新思路，引领学生开展富有实效的学习活动，使学生在悟读过程中，学有所获。教师精心设计问题，引导学生提出问题，细化教师指导学生学习过程，在学生学习实践的过程中形成基本能力，形成语文核心素养。在李树方和刘大庆老师的指导下，经过研修老师们的精心研讨，辛勤付出，在此，我们将两年来的研究成果呈现给同行们，愿这些成果能为老师们的发展提供有益的帮助。

　　本套书的编写和出版得到了区教育委员会领导和其他领导的大力支持，在此，我们代表名师工作室的老师们，对顾成强、杜成喜、武玉章、郭冬红、李仕玲、田小将、沙晓燕、刘东、张文革、刘雪琴、盛学强等领导和老师一并表示最诚挚的感谢！

李树方　刘大庆
2019年6月于北京